U0461656

决策那点事儿

练就鹰眼，洞见未来

吴文学 | 著

中信出版集团 · 北京

图书在版编目（CIP）数据

决策那点事儿 / 吴文学著 .-- 北京：中信出版社，2018.8（2018.10重印）

ISBN 978-7-5086-8910-4

I. ① 决… II. ① 吴… III. ①企业管理 – 经营决策 IV. ① F272.3

中国版本图书馆 CIP 数据核字 (2018) 第 089051 号

决策那点事儿

著　　者：吴文学

出版发行：中信出版集团股份有限公司

（北京市朝阳区惠新东街甲 4 号富盛大厦 2 座　邮编　100029）

承 印 者：北京诚信伟业印刷有限公司

开　　本：787mm×1092mm　1/16　　印　　张：19.5　　字　　数：174 千字

版　　次：2018 年 8 月第 1 版　　印　　次：2018 年10月第 2 次印刷

广告经营许可证：京朝工商广字第 8087 号

书　　号：ISBN 978–7–5086–8910–4

定　　价：69.00 元

序1

柳传志

联想控股股份有限公司董事长

练就鹰眼，洞察天地，决胜千里，是决策者们毕生追求的崇高境界。科学决策，一听起来就让人觉得高深莫测，历来都被奉为顶级企业家们的神来之笔；决策科学，一看书更让人感到晦涩难懂，其间大量的经济学与数学计算，令大家只能高山仰止。而《决策那点事儿》将作者自己丰富的企业经营管理决策实践，以职场小说的形式，写成一个个精彩的故事，点透科学决策的玄机；将看似高深莫测的决策科学，用深入浅出的语言，通过对实践应用关键技巧的解剖，也使我们对其理论和应用有了较好的感性把握。读后，我有以下三点感受。

第一，科学决策对现代企业的管理者来说太重要了！书中的许多故事使我认识到，人们自觉不自觉，都太习惯于凭经验做决策了。不少企业高层管理者由于缺乏科学决策的方法论，还习惯于凭俗话、谚语做决策。书中的一个个故事告诉我们：不算不知道，一算吓一跳，错误的决策严重伤害了企业的价值。

第二，“练就鹰眼”并不是天方夜谭，其中有章可循。练就鹰眼，提高决策者的洞察力，不是什么高深“武学”，它的实质是经济学和管理学在企业经营管理决策实践中的应用，是运用数据开展各种经济分析，洞察事物本质，解决企业实际问题的过程。书中的每一个故事，都仔细展示了作者如何应用经济学和管理学的理论与方法，形成决策之“理”，又如何因理成据，找到决策之“数据”，抽丝剥茧，苦口婆心，揭开了科学决策的神秘面纱，也使我们对科学决策的技巧有了更直观的理解和认识。

第三，“纸上谈兵”是现代企业管理者的必修课。书中的一个个故事，生动地讲解了经营管理中是如何用数据来“纸上谈兵”，进行“沙盘推演”的，而且还要做到战前“沙盘推演”，战后再进行“复盘”。用数据说话，“纸上谈兵”，就是我们现代经营管理者的数字沙盘。

管理的核心在于决策。科学决策，是我们每一个决策者的信仰；练就鹰眼，提高洞察力，是每个决策者的必修课。希望各位同人能从此书中获得有益的启示，更希望更多的同人能创造出更多更好的经营管理决策实践，并无私地总结出来，以启来者。

序2

谢志华

著名会计学家
北京工商大学副校长

讲决策的书不少，但通过职场小说的形式，以作者自己丰富的经营管理实践为脉络，通过一个个精彩的故事，讲解科学决策的书，这是独一本。

管理就是决策。科学决策，是经营管理的核心，是决策者们毕生追求的目标。但是我们的许多高层决策者，由于缺乏科学决策的方法论，常常“心中无数决心大，情况不明办法多”，而且还习惯于依靠经验做决策。

《决策那点事儿》独辟蹊径，以经营管理决策实践应用为出发点，通过一个个故事，对经营管理决策技巧进行总结分析，揭示如何利用数据增强决策洞察力，从而练就鹰眼的技巧，深入浅出、见微知著，对我们掌握科学决策方法很有启发。

第一，对什么是科学决策，从实践角度给予了重新定义，揭开了科学决策的神秘面纱，使大家能更直观地理解和把握科学决策。书中突出强调了经济学和管理学的理论与方法在企业经营管理决策实际中的意义和作用，很有创新意义。

第二，使大家对决策中让数据说话的重要性和必要性有了直观认识。书中，通过一个个故事，使人们对用数据决策和凭经验决策的不同效果有了清晰直观的认识，从而使大家对科学决策的重要性与必要性有了切身感受。

第三，对数据说话的决策技巧进行了有益的揭示。书中每一个故事的结尾，都从决策角度进行了总结，对如何应用经济学和管理学的知识，找到决策之“理”，梳理决策之“据”，进行了大量揭示。并且对经营管理决策的技巧，有许多创新性的实践思考和探索。

第四，使人明白了建立让数据说话的决策文化的重要性和紧迫性。书中，通过一个个案例对比，说明要克服经验决策、实行科学决策，首要之处在于建立起用数据说话的决策文化。

总之，书中有不少经验之谈，相信对我们企业经营管理决策的学习与实践会有很好的帮助。

序3

朱武祥

著名公司金融与商业模式学家
清华大学经济管理学院金融系教授、博士生导师

管理的核心是决策。MBA（工商管理硕士）教学的核心也应该以培养和提升学员们的决策知识和能力为核心。但如何科学决策，不完全是一个理论问题，很大程度上是一个实践应用问题。讲决策的书不少，但像这样以作者自己丰富的经营管理决策实践为脉络，通过丰富多彩的决策故事，讲解科学决策技巧的书，尚不多见。

作者准确地抓住了决策能力的核心——洞察力，并形象地提出决策者们必须“练就鹰眼”。客观世界千变万化，海量信息千头万绪。在决策中，需要拨云见日，敏锐地抓住事物本质，直击问题的要害，这就要求决策者长出“鹰眼”，具有强大的洞察力。练就鹰眼，洞察天地，决胜千里，这是决策者们毕生追求的崇高境界。

作者提出“让数据说话，用数据洞见现实”，是练就鹰眼的核心方法。科学决策，关键在于“有理有据”，以科学认识问题、解决问题的理论为“理”，以客观事实为“据”，开展决策活动。练就鹰眼，洞察事物之“理”，抓住事实之“据”，其核心方法论就是让数据说话，用数据洞见现实。

作者从实践角度对什么是科学决策给予了重新定义，揭开了科学决策的神秘面纱，讲明白了经济学和管理学理论与方法在企业经营管理决策中的意义和作用，使大家更能直观地理解和把握科学决策，很有实践意义。

书中提及的决策故事，涉及企业经营管理的方方面面。既有企业日常经营管理决策，也有重大资产重组、借壳上市等资本市场方面的相关决策；既有对企业战略方面的相关管理决策，也有对企业营销管理、生产管理、资金管理等方面的决策；既有工厂的经营管理决策，也有商场的经营管理决策。书中无论是对一次性问题的成功解决，还是对长期性问题的处理实践，都值得经营管理者学习借鉴。

这本书也是一本不可多得的商学院经营管理决策教学参考书。

朱武祥

前言

娓娓而诉，说透管理决策玄机
哈哈大笑，道尽职场人际诡秘

2017 年 3 月，我用讲故事的方式写成的《管理会计那点事儿》正式出版发行，读者反响热烈。“恍然大悟!”这基本上是财务主管们一致的感受。管理会计原来并不是什么高深“武学”，通过这本书的讲解，似乎看得见、摸得着了。“很有启发!”这是非财务高管人士的普遍看法。特别是对企业高管人员如何应用现代经济管理理论，解决企业实际问题，很有启示意义。

但是，不少企业界的朋友给我提出了问题。《管理会计那点事儿》让人一看，就像财务专业书籍，而非财务专业的人士一般就不往下看了。能不能针对非财务专业的高管人员如何开展科学决策，写一本类似的书，以帮助他们分析解决企业面临的实际问题，提高经营管理决策水平呢?

决策，就是决定对策。企业决策，是经营管理的核心，事关企业生死。决策能力的核心是洞察力。客观世界千变万化，海量信息千头万绪。在决策中，敏锐地抓住事物本质，直击问题的要害，这就要求决策者长上“鹰眼”，具有强大的洞察力。

练就鹰眼，洞察天地，决胜千里，是决策者们毕生追求的崇高境界。科学决策，关键在于“有理有据”，以科学的认识问题、解决问题的理论为“理”，以客观事实为“据”，开展决策活动。练就鹰眼，洞察事物之“理”，抓住事实之“据”，其核心方法论就是让数据说话，用数据洞察现实。

但是我们有的高层决策者，由于缺乏科学决策的方法论，常常“心中无数决心大，情况不明办法多”。提升企业高管人员的决策水平，就要设法做到“心中有数，情况分明”。让数据说话，用数据洞察现实，是提升各单位高级管理人员决策水平、练就洞察力的最佳方法论。但是如何有效地用数据支撑决策，让数据说话，书本中鲜有论述，同时各种决策理论也使人感到高深莫测，无法自如地运用于实践当中。为此，我决定写作《决策那点事儿》这本书。

如何做到合理、科学的决策呢？两千多年前我国著名的军事家孙子，就明确提出了决策要用数据说话。他在《孙子兵法》中提出要“未战而庙算”，指出“多算胜，少算不胜，而况于无算乎”。并进一步指出，“用兵之法，十则围之，五则攻之，倍则分之，敌则能战之，少则能逃之”，明确了敌我力量数据对比及相应的作战决策原则。

现代企业经营管理的核心是企业价值的经营与管理，价值是可计量的、有数的。因此量化分析，用数据说话，已成为现代经营管理决策的基础。在当今这个资本具有充分话语权的时代，现代企业制度盛行，大多数企业所有权与经营权分离，企业经营者想要说服潜在投资人、股东、债权人对企业经营发展给予支持，只能用数据来说话。让数据说话，用数据洞察现实，已成为现代企业高级经营管理者的必备素质。

科学决策，用数据说话，做到有理有据，可找“据”难，寻“理”更难。因此如何有效开展科学决策，不完全是一个理论问题，很大程度上更是一个实践应用问题。管理科学学派强调要减少决策中的个人艺术成分，尽量以数量方法进行客观描述。以西蒙为代表的决策理论学派，将决策分为程序化决策和非程序化决策。由于现代信息处理技术的发展，许多程序化的决策已大量利用运筹学和管理科学方法来进行，但对非程序化决策的制定，仍然包括了大量的人工判断、洞察和直觉观察。

本书遵从经验主义学派的研究传统："管理的科学应建立在从目前成功或失败的企业管理经验之上，对它们进行调查、概括、抽象，并提供建议。"

本书不研究具体的决策理论，而是将本人20多年的企业高级管理者的经营管理决策实践经验进行总结，提出练就鹰眼的核心方法论——让数据说话，用数据洞察现实。书中以职场小说的形式，用故事化的语言，讲述主人公方明在经营管理实践中遇到一个个决策难题时，如何应用数据说话的技巧，敏锐洞察问题的本质，快速发现解决问题的方案，最终将初看毫无头绪的经营管理难题，化简成了类似于初中数学中的"列方程解应用题"的过程，将高深的决策行为通俗化。并从案例的研究与总结中，对决策中如何应用数据说话的技巧与理论，从实践视角进行一些创新性的分析与思考，使读者能在轻松愉快的阅读中，真正理解用数据进行科学决策的技巧。

本书第一章到第十七章，每章分别讲述了一个决策中的故事。在每章末尾每个故事讲完以后，都从决策角度进行专题点评。本书中的故事，是在保留《管理会计那点事儿》中主要故事的基础上，增加了当下大家十分关注的企业重组、借壳上市和股票市场交易等资本运作的相关故事，其中虽有不少故事与《管理会计那点事儿》相同，但点评视角完全不同。

科学决策贵在有"理"有"据"，而科学决策的重点和难点在于，如何找到决策分析的"理"和"据"。因此在决策点评中，特别强调和揭示每个决策因何之"理"和以何为"据"，以帮助读者更好地理解科学决策的玄机。在决策点评中，尊崇了科学决策的七步流程。决策理论认为，决策流程一般分为七个步骤或环节。第一步，发现和定义问题；第二步，确定决策目标；第三步，制订备选方案；第四步，评价备选方案；第五步，方案决择；第六步，决策执行；第七步，评估与回馈。决策执行和评估回馈，因其一般是作为决策管理的重要内容，不作为决策方法研究的重要内容，故本书也不做重点研究。

在决策点评中也关注到不同的决策问题，其决策难点和重点，呈现在不同的决策环节中。书中的 17 个决策故事，难点各异。不少决策问题，发现和定义问题是难点，一旦找准问题，其他环节就比较容易了。有 5 个故事，其难点就体现在决策的第一环节“发现和定义问题”；有 3 个故事，其难点与决策的第二环节“确定决策目标”有关；有 6 个故事，其决策难点与决策的第三环节“制订备选方案”有关；有 2 个故事，其决策难点集中在决策的第四环节“评价备选方案”；有 1 个故事，即第三章的故事，其最终决策失败与决策的第五个环节“方案决择”相关。

本书第十八章，从实践角度对科学决策进行了总结思考。科学决策就是针对决策问题，以经济学和管理学的理论、方法和模型为分析工具，以反映客观现实的数据为分析依据，开展分析推理，最终形成解决问题对策的过程。科学决策的本质，就是“让数据说话，用数据洞察现实”。针对人们习惯于用经验常识决策，本书提出实现科学决策，首先是要建立起“数据说话”的决策文化。

本书第十九章，在各章案例点评的基础上，对如何练就鹰眼、探秘决策技巧，进行了系统的总结分析。

书中，在讲解主人公方明的决策实践过程中，也穿插了方明在职场上人际方面的各种遭遇，读来定会使你感慨万千！

真诚地希望我的努力能助你练就鹰眼，一探决策的奥秘，并能为你的经营管理与职场人生提供有益的启示！

目录

第一章
初出茅庐，莽揭管理漏洞
——发现福氏工厂材料供应中的问题

1994年10月，方明从清华大学经管学院研究生毕业没多久，受南新市工美集团组织部招聘，被派往其下属一个国家大型二级企业——福氏汽车装饰品厂（以下简称福氏厂）任副厂长。

福氏厂原为生产手工羊毛地毯的小厂。1990年，卜全智担任厂长后，定下“跟着汽车跑”的战略，转型开发汽车装饰品，使工厂得到迅猛发展，一跃成为国家大型二级企业，成为工美集团发展前景最为光明、经济效益最好的企业。

当年28岁的方明副厂长，可谓是初出茅庐、雄姿英发。刚被派到厂里，卜全智厂长即委以重任，分工主管供应和销售。方明却不知道，这是厂里最有风险，当然也是最具有挑战性的工作。供应，负责全厂原材料的采购，如果原材料供应不上生产，那是重大事故！销售，负责新的市场开拓。福氏厂当时主要为切诺基汽车厂配套生产顶衬和地毯。由于切诺基配件生产采用美国汽车标准，而我国的原材料生产厂家沿用的是我国民用产品的国家标准，原材料产品质量标准就远低于美方的生产要求，因此原材料质量成为一个大问题。厂里过去经常发生由于原材料供应不上生产而停产的事故，而立项3年多的7项原材料国产化开发项目，一直没有大的进展。

上任伊始，方明发现，供销科一个正科长加两个副科长、若干科员共十几个人，成天忙得不可开交，科里基本见不到人，方明想给3位负责人开个会都很难凑齐人。经过调研观察，方明找到了问题的关键在于缺乏科学的分工和管理。到任后方明决策的第一件大事，就是改革供销科内部管理方式，决定将原材料以ABC分类法进行分类，科员也分为3组，3个科长各带一组。ABC 3类原材料，分别按特性和工作量，基本均分给每个组。实行分类管理后，工作效率随之大幅提高，局面也彻底改观。一周以后，供销科上上下下都安安静静地坐在办公室里，令大家颇为不解的是：为什么这一下子都“没活儿可忙了呢”？

但是传统的国企职工还是很难接受这个外来的年轻领导，为他精心策划的“考试”无处不在。作为切诺基的配套厂商，工厂产品必须符合美国汽车行业的标准，在具体执行时，这种标准严格到近乎苛刻。一天，方明照例像往日一样，上班后去各车间巡视一遍再到供销科，他一进供销科的大屋，就发现各车间主任以及供销科全体员工都迎候在那里，顿感气氛不对，还未及开口，一个难题便当场抛了过来。

原来，切诺基前面有一个遮阳板，橘黄色的，印有英文“caution”等字样，美方要求整体印标大小必须按美国样品尺寸，检测时一律使用游标卡尺，哪怕仅有0.1毫米的微小误差，美方也不认可。为了满足要求，厂里委托一个大印刷厂，按美方的样品尺寸先刻了一个胶版，但上机印刷后尺寸却变了。后来厂里又找了一个最好的刻版师傅，再刻了一个版，但上机印出的尺寸还是不对。当时都是手工操作，刻一个版好几万元钱。“方厂长，下一步怎么办？”大家一起问。

方明知道，这是难为他来了。“这是印刷厂工程师们的问题，怎么来问我了？”方明心里想。

方明开始冷静地发问：“他们用的什么印刷机啊？”答：“滚筒印刷机。”“为什么不用平台印刷？”答：“塑料布必须连续进料，只能用滚筒印刷。”

方明过去参观过印刷厂，知道如果用平台印刷，刻出的胶版是多大印出来的印张就会是多大，不会变形。他马上推断出，胶版刻的时候是按平版量的尺寸，可能一上滚筒，变成了弧形，相应的印刷尺寸就变大了。但是对同一台机器，一定有一个固定的变化率！

方明立即叫人将两付胶版和对应的印出产品拿过来，用游标卡尺测量相关尺寸，得出的数据如表1－1所示。

表1－1　两个胶版的尺寸对比

	第一版印刷	第二版印刷
胶版尺寸（毫米）	86.6	82.3
印品尺寸（毫米）	90.9	86.4
尺寸差异（毫米）	4.3	4.1
印品与胶版尺寸比	1.05	1.05

方明立刻意识到，美方样品尺寸为86.6毫米，刻版师傅按此尺寸刻出了第一块胶版，但印出的尺寸为90.9毫米，大了4.3毫米。为此刻版师傅将胶版尺寸减小4.3毫米，为82.3毫米，刻出第二个胶版，但印出产品的尺寸为86.4毫米，又小于美方样品的86.6毫米。

方明算了算两次印刷的产品与胶版的尺寸比，立刻乐了，放大率都为1.05，这是一个简单的算术问题！为此方明计算出胶版的尺寸应为86.6毫米除以1.05，为82.5毫米。

就这样，方明通过了职工群众一次次的考试，逐渐赢得了大家的认可。他抓的各项工作也成效显著。

供销科主抓的7项原材料国产化开发项目，立项已经3年了，还没有眉目。方明上任，狠抓这个牛鼻子，利用正交试验法①，反思了过去的试验方案，又重新制订了试验方案，3 个月内 7 项原材料国产化开发项目居然全部成功完成！

此时正好赶上春节前，按厂里规定，该由主管厂长给成功完成项目的开发人员发奖金。厂班子会认为，方明只管了 3 个月，主要功劳应是前任主管厂长的，所以由前任主管厂长去给大家发奖金。方明无奈，只能自嘲地说：我就是傻人有傻福，铁树千年不开花，到我这里全开花了！

更为戏剧性的是，当年 12 月中旬，福氏厂又在另一位老副厂长的支持配合下，成功中标一汽六平头车驾驶室地板国产化招标！当时的汽车配件厂能打进一汽，就好比是上了汽车行业的大学，业绩斐然吧？而少不更事的方明，接受了卜全智厂长的提议，作为供销副厂长，居然同意去兼任开发科科长，亲自主持一汽项目的产品研发。他哪里知道，厂里主管开发的副厂长和总工程师都认为，一汽要求的 5 个月内拿出工装样品的研发任务，根本不可能完成！

但是作为清华经管人的方明居然如期完成了产品的工装样品开发，并获得了一汽集团国产化开发的奖励！1995 年当年形成产能，1996 年产值已超过全厂产值的 1/3。

没有一点“内部斗争”经验的方明，根本不懂得“功高震主”

---

① 正交试验法是指，在进行多因素多水平的试验时，可以根据正交性，不用进行全面试验，只挑选出部分有代表性的点进行试验。正交试验法可以大大地减少试验次数，是一种高效率、快速、经济的实验设计方法。如一个有 3 个因素，每个因素又有 3 个水平的试验，如果进行全面试验，需要进行 27 次试验。根据正交试验法，可用 L9（3^4）方法，仅需试验 9 次。

“强龙难压地头蛇”的道理，还一味地在不断追求业绩。方明职业生涯的危机正在不断滋长！终于，导火索点燃了！

1996年5月的某一天上午，方明照例一到厂后，先到各车间和各主管科室看看，忽然发现平时常锁着的一个房间，今天开着，进去一看，屋子里堆满了做汽车顶衬的呢绒面料。一问，这些都是生产检验不合格的原材料和生产中的边角余料，供销科正在将这些废料处理给制鞋厂，大约每千克卖11元左右。

怎么会有这么多顶衬废品呢？出于职业的敏感与责任，方明立即开始调查。可如何知道这些废品是否合理呢？必须找到一个判断废品产生多少的指标。方明自然地想到应去查查顶衬呢的进货良品率是否合理。

关键是要找到一个判断这些废品是否合理的指标

他先问供销科要顶衬呢的进货良品率，供销科说：“这归生产科管。”他又向生产科要顶衬呢的进货良品率，生产科说：“我们只有生产领料、用料和退料的记录，没有计算过进货良品率。”于是方明请生产科长对1年以来生产领料、用料和退料记录进行了汇总，并计算生产适用率，即进货良品率，得出的数据如表1-2所示。

表1-2 1995年顶衬呢生产领、用、退汇总 （单位：万延米）

	领料	用料	退料	适用率
顶衬呢	22.30	8.25	14.05	37%

方明看着汇总出的数据，大吃一惊，良品率仅有37%！

方明简单算了一笔账。每延米①顶衬呢进价32元左右，重约700克。作废品卖，若按每千克12元计算，每延米大约卖出8.4元，则每延米损失高达23.6元。1995年，全年退料14.05万延米，共计损失342万元。太惊人了，要知道福氏厂上年全厂利润才500多万元！

为什么这么大的问题，厂里却没有高度重视呢？方明从管理角度进行了解：生产科向车间下生产任务单和领料通知单，车间持领料通知单向库管领料，领完料后，开始按尺寸裁剪，同时进行详细的质量检验，合格的留下，不合格的退回库管，入废料库，然后继续领料裁剪并检验，直到合格材料备货完成。供销科承担库管职责，所有库房，包括原材料库、成品库、废料库都由供销科进行管理。生产科统计车间原材料的领、用、退，是为了核算车间工作工时及工作量；车间只关注检验工作量，给算了工时就行了；财务科需要生产科的领、用、退记录，是为了核算成本；至于库管，只要领用量与生产科确认的实际用量和退库量合上，没有人为丢失遗漏就行了。谁来考核供销科的采购成本和效率？那只能是供销科自己考核自己了！供销科只要能完成供销任务即可，根本没有计算过进货良品率。

---

① 延米：当产品宽度固定时，为简化，只需度量产品长度，长度1米为1延长米，简称1延米。

方明通过进一步询问供销科科长了解到，这么重要的原材料，长期以来仅由一家东北的供应商供货。据供销科科长讲，全国仅有这个厂家的产品质量还稍好一些，而且该厂家还比较牛，要求福氏厂预付货款，否则不能保证供货。

方明立刻向卜厂长做了汇报，并给自己主管的供销科科长们下了最后通牒：第一，停止向东北厂家预付货款，同时要求按进货良品率重新与东北厂家谈判价格；第二，限期3个月内找到另一家供货厂家；第三，要求生产科对今后每批次领料成品率进行核算并报送生产副厂长和供销副厂长。

成效很快就显现了！之后从东北厂家进了一批货，经生产检验，良品率接近70%。很快，在南方又找到了另一家供货厂商，第一次送货的良品率就达到90%！

堵住了一大漏洞，方明内心充满了成就感。但书生意气的方明哪里知道，这点燃了福氏厂管理层驱逐他的导火索……

方明不知道，厂里的高管们一直在谋划驱逐他。卜全智厂长当时正好年届60岁，当年追随他“打江山”的一帮资深高管们本指望顺利接卜厂长的班，不想总公司派来个方明。而且派来个“软柿子”也行，没想到派来个“愣头青”，干得风生水起，势头直压卜厂长！这帮人已经要挟卜厂长一起策划驱逐方明了，但一直没有适当的机会。因为方明业绩很好，在群众中威信很高，主管的供销科，这两年业绩也很好。方明帮助科长们解决了很多难题，供销科人员的奖金多拿了不少，几位资深科长也一直比较拥护他。这次的顶衬呢事件，算是捅了供销科科长们的马蜂窝，科长们也开始对方明不满了。

于是由卜厂长带队，厂里的一帮高管纷纷到总公司，向总公司总经理王仁杰和各个主管领导状告方明：一是傲慢无礼，职工群众反应很大；二是书生气，什么事都不会干。方明是清华毕业的，能不傲吗？这理由不言自明，大家一听就认为必是如此，这是信手拈来毁掉高级人才的最好办法！书生气，大家更信了，尤其是许多没上过大学的人，认为知识分子就会纸上谈兵。因此，这个理由也是不好反驳！

于是，总公司的领导们开会商量准备把这个“无能的书生”给免了。这时，经验丰富的组织部部长马伯乐建议：“我们招一个高学历的人才不容易，是不是让他到总部来挂职，再观察观察？如果真如他们所说，再免不迟。”爱才的集团王仁杰总经理也深表同意，方明就此躲过了职业生涯的“生死一劫”！

决策点评

发现供货管理中的漏洞，从过程来看，没有什么难点，显得很简单，但取得的成效却非常大：发现并堵住了一个巨大的管理漏洞，为企业带来了巨大的经济效益。但是这个问题为什么一直没有被厂里的其他领导发现并解决呢？这说明这个问题并不如大家想象得那么简单，其中隐藏着用数据来决策的奥秘。

1. 发现问题，是解决问题的第一步。决策的第一流程，就是发现和定义问题。只有发现和准确地将问题揭示出来，引起高层领导的重视，才能解决问题。企业经营和管理中的许多问题长期存在的根源在于熟视无睹。也许我们的许多管理者，由于对企业太熟悉，对什么都习以为常，看见满屋子的废料，认为这是正常的，根本没有想过去思考这里面可能存在问题。

2. 将问题指标化，是用数字支撑决策的关键环节，是发现问题、定义问题的重要技能。找出反映问题的关键指标，将问题指标化，就是找到决策所因之“理”的过程。也许有的领导在第一次看见这满屋子的废料时曾向供销科询问过原因，但由于没有将问题指标化，进而形成数字化的概念，因而对问题的严重性没有足够的认识。听供销科科长们一解释，国内厂家不好找，再抱怨一下民用产品标准不适合汽车用，也就深以为是，时间长了就变成熟视无睹了。

熟视无睹

3. 方明成功的关键在于，首先具有高度的问题敏感性。一看到满屋子的废料，立即意识到这里面可能存在管理漏洞。其次，方明具备了用数据进行决策的关键技能：将供货问题指标化，进而数据化。有了进货良品率这个指标，就可以进行数据统计、分析。用数据来说话，立即就能形成一个准确的概念，发现问题的严重性，进而找出问题的根本原因，并为有效解决问题设置好控制点，开展有效的控制活动。

“备周则意怠，常见则不疑”。[①] 意思是：准备很周全，人就容易轻懈；经常看见的东西，大家就不再怀疑。管理者虽然长期高度紧张，总是担心出什么管理漏洞，但反而容易产生“熟视无睹”的现象。如何克服这种现象呢？在此我们总结出两点经验。

第一，在思维上，创建负面分析模式。负面是相对于正面而言的，一切有利于经营管理的事项，为正面事项；相应的，一切不利于经营管理向好的方向发展的事项，就为负面事项。比如，收入是正面事项，成本和费用就是负面事项；进货良品是正面事项，进货次品就是负面事项；顾客增加是正面事项，顾客减少就是负面事项；顾客表扬是正面事项，顾客投诉就是负面事项。负面分析模式，就是要对经营管理中可能出现的负面事项，定期进行系统的梳理，查找问题形成的原因，并制定改进措施。定期开展负面分析，并形成一种管理模式，就能有效防止对管理漏洞的“熟视无睹”。

第二，在方法上，要找到“透视工具”，做到对负面事项透视无碍。有正面就一定有负面。但凡负面事项，必有它产生的必然性和合理性。有收入就一定要产生相应的成本和费用，这是必然的而且合理的。但是成本费用过大，那就不是必然的、合理的了，它在必然性和合理性中，又隐藏着不合理与不必要的部分。这就容易导致我们的管理者经常对这些负面事项中隐藏的管理漏洞视而不见、听而不闻。为此，我们不能简单凭感觉进行判断、决策，要对这些负面事项进行 X 光扫描、进行“透视”。将问题指标化，就是对问题透视的 X 光机。找到合适的指标，将问题指标化，进而数据化，就可以进行数据统计

---

① 出自《三十六计》之第一计：瞒天过海。

分析，即进行 X 光扫描，立马就能对问题形成一个准确的量化概念，就可以用数据来说话，从而找出问题的根本原因，接着就可以设置控制点，开展有效的控制活动，进而有效解决问题。

让我们继续往下看，方明如何面对这次沉重的打击。

第二章

纸上谈兵，巧析收支结构

——首饰厂困境调研与对策研究

很快，方明便接到总公司组织部的通知，到总部挂职，任总公司综合处挂职副处长。可怜的方明不知道是被别人踢出来了，还特别高兴，以为自己成绩斐然，总公司领导才把他从企业提拔到总部来。真是傻人有傻福，看他心无挂碍、兴高采烈地天天到总公司来干这挂职的闲差，那傲慢无礼的谣传竟不攻自破了！

不久后，方明知道了事情的原委。“众口铄金，积毁销骨”，方明过去只是在书本上看过这句话，未曾有实际的体验。特别是当他听到厂里的一位干部说，由于工人们都念他的能干，这帮人为了彻底堵住群众的嘴，竟将方明一手主持的一汽供货项目停产了，理由是结不回来钱时，方明深为震惊！这是自绝于市场啊！这哪里是在搞经济，纯粹是在搞斗争！为了斗争需要，不管企业生死，工人有没有饭吃！

方明陷入了深深的思索中：当年上清华经管学院，立志做一位企业家，现在看来有点问题。经营管理没有客观的评价标准，说你行你就行，不行也行；说你不行你就不行，行也不行。如何在自己的职业生涯中不人云亦云、趋炎附势，保持独立人格呢？看来得学一门专业。那就学财务，考注册会计师！

自强不息，是清华人的座右铭。方明很快便投入注册会计师考试的复习准备中，而且一考就过。但这一切并没有打消众人对他“百无一用是书生”的看法。

然而，“天生丽质难自弃”，金子闪光的机会终于来了。

工美集团下属有一个首饰工厂，曾是有员工 1 200 人的大厂，目前生产基本停滞，300 多工人下岗。一年半前由于巨额亏损，发不出工资，集团总部派出由一位副总带队的专题调研组进驻首饰厂，通过与干部群众的大量谈话，最后将厂长撤了，从总部派了一位处长担任新厂长。新厂长向集团提出，只要借给首饰厂 200 万元，保证将首饰厂扭亏为盈。当时的 200 万元可不是个小数，但集团最终还是咬牙给了这位新厂长，期望他能扭转乾坤。可是才不到两年，现在首饰厂又向集团打报告要钱，说又发不出工资了。

集团老总们都很着急，但又没有更好的办法。一天，集团主管综合处的副总经理沐春英（集团当时最年轻的副总，一位干事有魄力、有冲劲儿的领导）对综合处处长王秀春说："让综合处派人去调研调研。"

王秀春可是位资深处长，她深知，上次由集团领导带队的专题调研组都没解决的问题，综合处如何能处理得了？派谁去都没法干！但上级已经下达了命令，就想干脆派方明去吧，反正他也是挂职的，还派了一个快退休的老同志牛在田配合方明，只是老牛是学工艺美术专业的，从来没有企业管理的经历。

方明终于能接到一个有点含金量的活儿了，心里非常高兴！许多好心人都劝他，让他别接这活儿，因为这活儿根本不可能干好。正所谓"艺高人胆大"，他礼貌地谢过一帮好心人的劝说，心里早就跃跃欲试了。

方明同老牛简单沟通了一下，无非是些客套话，他知道这活儿只能靠他自己了。老牛是行业前辈，优点是脾气好、认识人多，大家都给他面子，这足够了。方明请他帮助联系厂里，两天后去厂里调研，要求上午同厂级领导谈话，下午同中层谈话。

方明利用去厂前的时间，找来首饰厂的财务报表认真地看了又看，不得要领；又找相关人员问了情况，大家只知道工厂都发不出工资好几年了，其他关于生产和经营的情况，都说不清楚。看来方明只能自己琢磨调研思路了。

方明挂职副处长，开始认真研究起调研突破的思路来。企业管理的目标，是企业的生存、发展、赢利，而首要目标是生存。对困难企业，更是首先要弄明白企业如何生存、靠什么生存。方明想起了企业经济学分析中常用的工具：盈亏平衡点分析①。为此必须首先弄清楚企业每月需要固定花费多少钱，又能挣回多少钱，看看收支缺口有多少。对企业的生存状况清楚后，再去研究有可能的增收与节支项目，看看如何能将企业收支缺口打平，从而提出企业摆脱困境的措施。方明逐渐清晰了调研分析的总体思路和方向。

头一天一大早，方明同老牛一起赶到了厂里，立即拜会了厂长，在厂长的陪同下，简单参观了一下破旧的工厂，然后开始向厂长了解情况。

经向厂长了解得知，目前厂里大部分职工内退或下岗，科室人员还有 29 人在岗。经营单位只有两个：一个是首饰生产车间，另一个是在前门的首饰经营门市部。车间有 23 人，由车间主任向厂里承包，独立核算，负责这 23 人的工资，并每月向厂里交 1 万元。前门

① 盈亏平衡点（Break Even Point，简称 BEP），是指企业处于不赔不赚的状态点，又称为保本点、零利润点、盈亏临界点。在各类经济管理教材中，通常将盈亏平衡点分析作为测算产品生产经营类企业保本点产量或销售量的重要工具。在分析中，将企业生产经营成本划分为两类：一类为随产量变化而变化的成本，即为变动成本；另一类不随产量而变化的成本，叫固定成本。每增加销售一个产品，不会增加企业总的固定成本，但会增加企业的变动成本。为此，盈亏平衡点可用公式表述为：企业销售收入 = 固定成本 + 变动成本。

门市部有9人，由门市部经理承包，独立核算，每月向厂里交5万元。厂里还有一处停产的车间，出租给其他单位，每月有租金收入2.4万元。

了解到了这些，方明已经成竹在胸，有了具体的调研思路。他立即约谈劳动科科长，同其讨论厂部人工费用及构成，要求劳动科科长对每月人工费用进行详细计算；约谈财务科科长，同财务科科长讨论厂部每月费用构成，并要求对方列表报告。方明对这两位的要求是在第3天上午将数据资料准备好。

下午，主要约谈车间主任和门市部经理，详细了解经营情况和探讨增收的可能。车间由于技术落后，产品款式陈旧，只能生产一些大路货，维持现状已较不易，短期内难有所作为。门市部会从厂里车间进一些货，可主要产品是到深圳外加工，由厂里提供资金，利用厂里的黄金指标，到银行买黄金，然后到深圳去加工。产品加工完毕后，一部分在自己的门店卖，一部分批发给商场，只要产品款式新、质量好，商场都很欢迎。由于厂里过去生产量大，所以，黄金指标充裕，可门市部资金有限，导致每年很多的黄金指标都浪费了。门市部经营的问题，主要是厂里资金不能保证所导致。

方明请这两位经理将目前业务情况，产品成本、销售毛利率、经营管理费用等情况，以及下一步业务发展的设想，综合写一个报告，在第3天上午交稿沟通。然后，他辞别厂长，打道回府，告诉老牛后天上午再来。

第3天上午，方明先同劳动科科长进行了交流，然后又同财务科科长进行了沟通，主要核实人员工资及工资性的费用口径问题，因为劳动科的数据同财务科的数据不一致。随后，他同车间主任做了简单交流，重点同门市部经理进行了业务发展方面的探讨。

吃完午饭，辞别厂长，方明打道回府。临行前厂长问：“下次何时再来?”方明说：“不用了，有事我们再通电话。”

不用来了？调查完了？厂长疑惑地看了看方明，又看了看满脸茫然的老牛，没有言语。

回去的路上，老牛终于忍不住开问了：“小方，这就完了？上次那么多人，可折腾了两个多月呢!”

理清收支结构，自然大功告成

方明回总部后，足足花了 3 天时间，将调查报告写出来，打印两份，交给了王处长。王处长看了看，说：“这么快！好！辛苦了!”拿了一份交给了主管副总经理沐总。

方明的报告，主要分为以下四个部分。

第一部分主要对厂里的组织经营构架进行了简述，也就是厂长介绍的那些东西。

第二部分是厂部收支测算，这是报告的精华。报告中对厂部工资及其构成，进行了详细测算。对在岗 29 人、下岗 150 人、内退 200 人，分别计算了应发的工资。对相应上缴的五险一金等工资性费用，也进行了详细测算，这是劳动科和财务科数据口径不一样的地方。同时还对厂部各项管理费用进行了详细的计算和说明。数据概略见表2－1。

表2－1 首饰厂厂部每月支出和收入分析 （单位：万元/月）

费用测算		收入测算		备注
固定费用合计	20.87	收入合计	8.4	
工资及工资性费用	16.93	房租	2.4	
在岗	3.46	车间上缴利润	1	
下岗	3.04	门市上缴利润	5	
内退	10.43			
其他付现管理费	1.82			
房产与土地税	0.56			
财务费用	0			停息挂账
折旧	1.56			

注意，以上测算仅计算厂部的收支，而将经营部门的收支简化，不在费用项中列示，只将其上缴的利润，作为厂部的收入项目列示。这是方明简化分析的关键所在！

方明在研究首饰厂的财务报表时发现，收入、成本与费用的总量数据，不宜于对企业生存状况的分析。经济学中的盈亏平衡分析有个核心观念，将产品成本分为变动成本和固定成本，方明想，借用这个分析工具，企业的费用也可以分为固定费用和变动费用①。

① 固定费用，主要指不管企业是否生产经营，都会发生的费用；变动费用，主要指随生产经营规模的增长而相应变动的费用，只要不生产，这类费用就不会发生。

这样可以将各单位按是否挣钱进行分类，不挣钱的为费用类部门，挣钱的为经营类部门。费用类部门的所有费用都计入厂部费用，视同固定成本。经营类部门的各种成本费用，就作为了变动费用，不在厂部的费用项目中列示，而仅在厂部收入中列示其上缴的盈利，使得厂部收入和支出结构很清晰。财务科科长和劳动科科长平常给厂长汇报的数据都是总量数据，没有这样清晰的分类，自然不可能找出解决问题的思路。

第三部分就是问题分析。首饰厂最直观的问题就是总部收不抵支。由表2-1可见，不考虑折旧，全厂每月平均需支出现金19.31万元，而收入仅为8.4万元，每月收支缺口高达10.91万元，真是坐吃山空!

两年前，新任厂长带去的200万元，就这样每月往里填补进去近11万元，慢慢地花光了。现在，厂里开始挤用门市部和车间仅剩的一点流动资金。如果继续这样下去，门市部和车间的经营周转将无法正常进行，上缴的收入也没法保证了。

方明进一步得出结论，首饰厂亏损的深层次原因是首饰厂造血机能不足，经营管理能力低下。最根本的原因在于，我们的新产品设计开发能力远远落后于香港、深圳，已被市场淘汰。随着我国改革开放的步伐加快，香港这个世界首饰设计与生产中心，在深圳建立了许多代工厂，将产能转移至深圳，使得深圳的首饰加工厂生产的产品，直接对接国际市场，款式时尚、新颖，深得国内消费者喜爱。而我们的工厂，没有新品设计与开发能力，无法适应市场的需求，因而也无法挣回足够的钱，来支撑全厂的开支和沉重的人员负担。

第四部分是建议。首先是从理念上，要改变企业重生产轻经营的思想，经营重点转向黄金首饰批发和零售业务。

企业遇到生存困难，根本的措施就是增收减支。在减支方面，前任厂长已经做了大量工作，没有太大的余地。关键还在于如何增收。增收就要研究企业的利润实现模式。首饰厂目前有 3 个利润实现方式：首饰的生产、批发和零售。

通过生产首饰赚钱，这条路是走不通了。因为要想通过首饰生产赚钱，必须要建立起能同香港首饰业相抗衡的首饰设计开发能力，而这几乎是不可能的。前面几位厂长，没有看到改革开放所带来的行业大变化，还想恢复厂子的昔日荣光，通过生产首饰来赚钱，最终失败是必然的。

刻舟求剑，如何不败

但是，通过首饰批发和零售赚钱，却是大有可为的。首饰厂目前的重要资源，就是黄金首饰专营权和人民银行给予的黄金经营指标。由于黄金在我国是限制流通物，只有具有黄金经营权的单位，才能经营黄金首饰。而且生产批发单位必须有人民银行黄金经营配额，才能从人民银行购买黄金，从而开展生产批发经营。首饰厂过去是黄金生产大厂，因此有足额的黄金生产销售配额。这几年，由于生产产品款式单一、销售不畅，所以黄金指标大部分都用不了。

一切竞争战略的核心，就在于“扬己之长，克敌之短”。为此，首饰厂应该充分发挥自己黄金指标多、地处南新市大消费市场的优势，整合、利用深圳首饰加工厂款式先进、同香港接轨的长处，重点转向黄金首饰批发和零售经营。

其次是从管理上，要改变对门市经营部以包代管的经营管理模式，加强门市经营部的经营和管理；增加对门市经营部的投入，大力发展黄金首饰批发和零售业务。只要增加 100 万元投资，开展黄金首饰批发业务，就能打平当前的收支缺口。

为了说明问题，方明针对门市部目前的经营收益算了一笔账：黄金进价每克 77 元，深圳加工费每克 4 元。企业批发和零售毛利如表 2 – 2 所示。

表 2 – 2　企业批发零售业务毛利计算　（单位：元/克）

计算项目		批发业务	零售业务
成本	黄金进价	77	77
	外加工费	4	4
售价		85	93
企业赚取差价		4	12
减：税费	消费税		3.974
	增值税	0.58	1.744
企业毛利		3.42	6.28

企业将黄金首饰批发到商场加价 4 元/克，批发价 85 元/克。零售时，在批发价基础上，再加价 8 元/克，售价为 93 元/克。目前门市部周转的流动资金大约 80 万元，每月零售黄金首饰约 8 千克，平均每月周转 1 次。批发业务由于资金限制，大约 1 月能做 6 千克，平均每月能周转 3 次。

通过黄金批发业务，每克挣差价4元，扣除17%的增值税，每克毛利3.42元。若每月能批发6千克，则可赚回毛利2.1万元。

通过门市零售业务，每克挣差价12元，扣除17%的增值税1.744元；零售环节需交消费税，再扣消费税5%，其计算为：

$$(77+16)\div1.17\times5\%=3.974\text{ 元}$$

则每克毛利6.28元。若每月销售8千克，则可赚回毛利5万元。

这样，门市部目前每月经营毛利为7.1万元，上缴总部5万元。

通过以上分析，方明提出了破解首饰厂生存困局的措施。

从短期来看，如果加大资金投入，零售业务由于受店面影响，收入不会有大的增长，但批发业务会有大的增长。为此可先增加100万元投入黄金首饰批发业务，就能补上当前每月约11万元的收支缺口。

方明是这样算的账：目前，批发规模小，每月资金能周转3次。如果增投100万元做批发，假设周转下降为2.5次，每克毛利维持在3.42元，则每月可赚回毛利10.6万元，就能弥补厂部的收支缺口。其计算公式如下：

$$(100\text{ 万元}\div81\text{ 元/克})\times3.42\text{ 元/克}\times2.5\text{ 次}=10.6\text{ 万元}$$

从长期来看，必须加大零售业务，创零售品牌，到商场中去开店中店，进行连锁网点建设，则首饰厂扭亏为盈指日可待！

报告最后交到了集团王仁杰总经理手上，王总看后非常高兴，说：“账算得这么清楚，建议也有理有据，不错！”王总还亲自主持专题会议，研讨首饰厂问题解决办法。方明终于找着机会，让集团领导重新认识他，正所谓，黄金到哪儿都会发光！

会后，王总私下征求集团各领导班子成员的意见，考虑是否可派方明去首饰厂任厂长。而领导们较为一致的意见是，方明的长处是账算得很清楚，纸上谈兵还不错，但就是不知道书生能不能打仗。看来，福氏厂给集团撒播的无用书生的印象，还是没有改过来。不过，方明的算账能力已经在王总和其他集团领导们心中留下了深刻的印象。

当有人把“只会纸上谈兵”的评价传给方明时，方明却不以为然，淡然一笑说：“连纸上谈兵都不会的人，还能带兵打真仗?”

这次成功的调研，使得方明得到了领导和同事的认可，但集团公司没有合适的位置给他，他挂职的综合处，处长已经一正两副，其他各处室领导岗位也都是满员。最后，爱才的王总决定成立集团公司政策研究室，调一个老同志来任主任，方明任副主任。方明总算平安渡过职业生涯的一劫，重新找到了自己的岗位。

有了在福氏厂的失败经历，方明总结了经验，处处小心，不与人争。但他那追求真理的学者精神，只是在没有遇到大事时，暂时收藏了起来，一遇到事儿，必然显露无遗。

这不，1998 年年初，方明在一次研讨会上，基本站在了所有与会人员的对立面，而且被所有人嘲笑!

决策点评

首饰厂面临经营危机，集团总部派出由一位副总带队的专题调研组进驻首饰厂，通过与干部群众大量谈话，将经营危机最终归因于厂长无能，实际上并没有真正找到问题的关键。后来将厂长撤换了，指望新任厂长能妙手回春、起死回生，可继任厂长明显也没有找到问题的关键，更不用说找出问题的解决办法了，最终也落得与前任厂长相同的结局。而方明轻松破解难题，看似信手拈来，实则隐藏着深厚的决策玄机。

1. 发现和定义问题，是决策的第一流程，是决策成功的关键环节。不同于第一章的案例，本案例发现问题较为简单，就是“首饰厂出现经营危机”，但这仅是问题的表象。而如何定义问题，则成为本案例的关键和难题。所谓定义问题，就是准确地将问题的本质揭示出来。而不论是专题调研组还是继任厂长，都没有做到这一点。

2. 方明应用管理学基本理论，找准研究决策所因的“理”，从而理清调研突破的思路，准确定义问题，是本次调研成功的关键。针对困难企业，方明从企业管理的首要目标——生存着手，利用了盈亏平衡分析的基本原理，并变通应用，提出了明确的调研思路：第一，弄明白企业如何生存，即企业需要多少钱才能维持基本生存；第二，弄明白企业靠什么生存，即企业各业务板块能赚来多少钱；第三，将“首饰厂出现经营危机”这个问题表象进一步数据化，定义为“企业维持基本生存面临的收支缺口”，而企业的收支缺口，就是企业生存面临的问题；第四，在问题定义清楚后，再去研究可能的增收与节支项目，看看如何能将企业收支缺口补平，从而提出企业摆脱困境的措施。

3. 方明利用经济学对产品成本性态的分类，将企业费用也分为固定费用和变动费用，是成功将首饰厂的收支大账调研清楚的一个重要技巧。他将各单位按是否挣钱进行分类，分为费用类部门和经营类部门，而经营类部门内部的各种成本费用，实际上就作为了变动费用。通过以上处理，使得收入和支出结构很明确，将决策所需之“据”清晰地整理出来了。

4. “发挥优势导向”，往往能发现出奇制胜的好方案。一切竞争战略的核心，就在于“扬己之长，克敌之短”。企业在市场竞争中，只有充分发挥自己的独特优势，才能战胜对手，立于不败之地。在制订企业经营管理决策可行方案时，如果从企业具有的独特竞争优势出发，研究如何进一步发挥优势，往往能找到出奇制胜的好方案。基于此，方明提出了应该避开香港、深圳首饰设计与生产的优势，充分发挥首饰厂黄金指标多、地处南新市大消费市场的优势，整合、利用深圳首饰加工厂款式先进、同香港接轨的长处，将经营重点转向黄金首饰批发和零售业务的经营调整战略。

作为企业管理者，企业经营现象纷繁复杂，管理问题众多，如果不能形成一定的调研方法，就可能“只见树木，不见森林”，迷失在具体的管理问题中而不能自拔。如何能提纲挈领地迅速掌握企业的基本经营状况？我们进行了以下两点总结。

第一，收支结构分析是企业经营管理数据化的总纲。只要抓住这个纲，企业所有的经营管理活动，都会反映在企业的收支结构上，最终的经营管理成果也会直接反映在收支结构上。困难企业，一定收不抵资。通过收支分析，能掌握收支缺口的大小，从而做到心中有数；进一步，可以针对每一项支出，制定具体的减支措施，针对每一项收入，制订出增收计划。不管是困难企业还是经营正常的企业，都可以收支结构分析为主线，展开经营管理各项计划和决策。收支结构分析是打开经营管理决策数据化之门的钥匙，是企业经营管理者的基本功。

第二，将经营类部门支出分离出来，是简化分析的重要技巧。经营类部门的支出，不仅有费用还有成本，其成本和费用往往同收入相匹配，随收入的变动而变动，并不固定。如果将经营类部门的成本和费用都计入支出方，支出项目结构就没法相对固定，也就很难对其进行分析。为此，将经营类部门的各项成本费用作为变动费用处理，不在厂部的费用项目中列示，而仅在厂部收入中列示其收支相抵后的余额。通过以上方法，使得收入和支出结构很清晰，便于分析，也便于对经营部门进行增收计划与考核。

且继续往下看，方明如何又成了众矢之的？

第三章

人微言轻，难胜名实之辨

——工美大厦更名辨析

俗话说："江山易改，本性难移。"方明最初吸取了福氏厂的教训，到了集团总部后，处处小心，藏锋去锐，不与人争。但那是因为没有遇上大事。一遇上大事，就不顾领导高兴不高兴了，方明被别人嘲笑为"书生气"的那股子劲儿，实则是植根于内心深处的追求真理的学者精神，依然暴露无遗。

1998 年年初，方明作为集团公司政研室副主任，受邀参加集团下属企业南新工艺美术服务部召开的，由集团公司副经理鲁德主持的关于南新工艺美术服务部更名的研讨会。

南新工艺美术服务部，地处南新市著名步行商业金街"天街"，是该商业大街上的一颗明珠。它成立于 1958 年，主营工艺美术产品。到 1994 年，销售收入达到 1 亿元，成为天街上仅有的 3 家亿元店之一。当时的南新工艺美术服务部仅为四层小楼，其中经营面积 4 000平方米。1995 年，为了扩大经营面积，集团公司决定在原址上扩建，由主管物业地产的副总经理鲁德亲自挂帅主建，花了 3 亿多元，即将建成地上 9 层，地下 4 层，商场经营面积达 1 万平方米的大型商场。目前正在筹备于 1998 年 7 月 1 日重新开业。

该次研讨会的主题就是研究南新工艺美术服务部的更名问题，主要参会人员为南新工艺美术服务部领导班子成员。在商场重建期间，整个商场被分为两部分：一部分为经营部，由原商场总经理张和春带领，化整为零，继续到其他商场、大饭店租柜台，开展工艺美术商品经营；另一部分为基建部，由集团公司鲁德副总经理带领，原商场主管物业的副总经理满光明具体负责，进行新大厦的基建工作。因此，实际上领导班子会就由这两部分的领导人员参加，方明作为集团公司政研室代表，列席会议。

会上，首先由满光明副总介绍更名的考虑和设想。

满总提出，“南新工艺美术服务部”，以前简称“服务部”，过去的小楼用这个名儿还行，新楼建成后，成为一个现代化的大楼，再叫“服务部”就显得太小气了。现在的商业大厦，都时尚地取名为某某“购物中心”或某某“世界”，显得很大气，为此考虑改名为“南新工美艺术世界”。实际上，满总是代表基建部提出了改名设想。

随即，张和春总经理发言表示反对。张总认为，原名称“南新工艺美术服务部”已经使用多年，在国内外拥有很高的知名度，在工艺美术行业内更是无人不知无人不晓，是企业形象的具体体现，也是企业最重要的无形资产，不能说改就改。而且这个名称还有郭沫若老先生的题词，更显历史价值和珍贵性。

会议气氛立即紧张起来，双方陷入了沉默。鲁总一看张和春发言坚决，会议陷入了僵局，赶快将话接了过来。他说：“‘服务部’是知名度很高，但从语义上，‘服务部’3 个字给人的印象是一个小杂货铺，同未来企业的规模和形象极不相称。”为此，鲁总明确表态，他认为改名为“南新工美艺术世界”好，大气！

与会人员一看，都明白了，满总事先已经同鲁总达成了一致意见，开这个会就是来统一思想了，因此都纷纷同意满总的建议，改名为“南新工美艺术世界”。张总一看这形势，也改口说：“‘服务部’虽说是老字号，确实也是太小气了点，改成‘南新工美艺术世界’也好，就是感情上一时半会儿还是有些不舍。”

鲁总一看思想统一了，就对方明说：“方明，就你没发言了，说说吧！”

其实会开到这份儿上，正常人一定会表态支持，皆大欢喜，偏偏这时方明“知识分子”的劲儿上来了，非要表达自己不同的看法。方明不是不知道这有可能得罪鲁总和“服务部”的各位领导，要在平时，他也同大家一样附和上了，但他认为，企业名称是企业最重要的形象资产，是企业形象识别系统（简称 VI）的首要因素，因此企业改名是一件大事，一定要认真对待，不能马虎。他认为，取名为“南新工美艺术世界”不妥。方明本可以顺着众人表个态，但因事关重大，“非不能有，实不为也”，他决定本着对事业负责、对自己负责的态度，一定要把自己的意见讲出来。

方明认为，南新工艺美术服务部这个商场确实在国内外拥有很高的知名度，具有巨大的无形资产，但这个知名度、这个巨大的无形资产，并不是体现在“南新工艺美术服务部”这个店名上，而是主要体现在三个要素上：一是“天街”这个地点要素；二是“工艺美术”这个行业特性要素；三是“商场”而不是其他业态。综合来说，就是无形资产或者说知名度主要体现为：天街的工艺美术商场。至于这个店名是不是叫“南新工艺美术服务部”，大众反而不关心。为此，方明认为，首先，改名是必须的，原来的名称并不是原来商场无形资产的真正载体，而且不利于发扬光大原商场的无形资产。其次，新的名称要继承原商场的巨大无形资产，就必须要体现“天街”、“工艺美术”和“商场”这三个要素。因此方明建议新的名称，要加上“天街”，同时保留“工艺美术”这个行业特性，不用“艺术世界”这种看似时尚，却对业态表述不清晰的文字，直接用“大厦”“商场 ”最好。方明最后建议取名为：“南新天街工美大厦，对外简称天街工美大厦。”

方明这个发言，把两派的意见全否定了，这下可捅了马蜂窝了！

张总正好有点憋屈，这下总算找到了出气筒，立即一通发作：“说什么‘服务部’这个名字不能代表服务部，这不是笑话吗？玩什么文字游戏啊！有什么依据吗？就凭你这小嘴一说，把我们几十年的光辉都给抹了？”大家一通哄笑。

满总一看，这小子居然敢来挑战自己，也很不高兴，接着跳出来一通发作：“大厦，多土啊！哪有艺术世界好听啊！天街，不就是南新市的一条街吗，能比南新市还大、还有名吗？”

鲁总对方明的发言更是不爽：这小子居然敢顶撞我，让大家打击打击一下他的傲气也好。他不言语，任由大家痛扁方明！众人一看鲁总纵容，也一起痛打起“落水狗”来！

人微言轻遭痛扁

方明并没有急，也无从辩解，只是冷冷地、若有所思地听着大家对他的数落。

鲁总一看大家将方明数落得差不多了，就看着方明问：“小方，还有什么话要说吗？”他想，这回这小子应该老实了吧！

没想到方明说："由于事先不知道要讨论这个问题，没有准备充分的依据。希望给我一周时间，认真分析分析、研究研究，到时我一定拿出充分的依据来。"

不认错！鲁总大出意外，很不高兴，觉得方明这小子真是穷傲穷傲的。说实话，他根本没有听懂方明说的什么无形资产载体之类的东西，他认为这就是知识分子玩的文字游戏。

鲁总最后说："就这么定了，就叫'南新工美艺术世界'，明天就上集团班子会讨论决定。"

一般人可能会就此作罢，但方明认为，名不正则言不顺，新店取名事关重大，立即开始琢磨如何论证新的工美大厦名称。

方明设计了一个电话调查，调查分为两组。

第一组，拨通电话，进行问候，然后自我介绍"我是南新工艺美术服务部的某某"，询问对方是否"知道""听说过"南新工艺美术服务部这个单位。如不知道，再进一步解释"南新市天街上的那个工艺美术商店"，询问对方是否"知道""听说过"。如说知道，则进一步询问对方是如何知道的，是"来过南新市"还是"从事工艺美术行业工作"。

第二组，拨通电话，进行问候，然后自我介绍"我是南新天街工美商场的某某"，询问对方是否"知道""听说过"这个单位。如说知道，则进一步询问对方是如何知道的，是"来过南新市"还是"从事工艺美术行业工作"。

每组调查对象为100人，其中南新地区50人，外地50人。而且每50人中，有10个为从事工艺美术行业工作的人员，名单和电话号码由集团公司员工提供。

3天后，调查结果出来了，如表3－1所示。

表 3-1 调查问卷统计

<table>
<tr><th colspan="5">第一组：询问是否知道“南新工艺美术服务部”</th></tr>
<tr><td rowspan="5">外地人 50 人</td><td colspan="4">第一时间知道 0 人</td></tr>
<tr><td rowspan="3">第一时间不知道 50 人</td><td rowspan="2">第二时间知道 24 人</td><td>主动反问是否是“天街”工美商店的 8 人</td><td>为从事工美行业人士</td></tr>
<tr><td>解释后知道的 16 人</td><td>来过天街或从事工美行业人士</td></tr>
<tr><td>仍不知道 26 人</td><td>—</td><td>—</td></tr>
<tr><td colspan="4" style="display:none"></td></tr>
<tr><td rowspan="4">本地人 50 人</td><td colspan="4">第一时间知道 4 人，为工美行业人士</td></tr>
<tr><td rowspan="3">第一时间不知道 46 人</td><td rowspan="2">第二时间知道 46 人</td><td>主动反问是否是“天街”工美商店的 11 人</td><td>多为从事工美行业人士</td></tr>
<tr><td>解释后知道的 35 人</td><td>都去过天街</td></tr>
<tr><td>仍不知道 0 人</td><td>—</td><td>—</td></tr>
<tr><th colspan="5">第二组：询问是否知道“南新天街工美商场”</th></tr>
<tr><td rowspan="3">外地人 50 人</td><td colspan="4">不知道 21 人</td></tr>
<tr><td rowspan="2">知道 29 人</td><td colspan="3">从事工美行业人士 10 人</td></tr>
<tr><td colspan="3">来过天街 19 人</td></tr>
<tr><td rowspan="2">本地人 50 人</td><td colspan="4">知道 50 人</td></tr>
<tr><td colspan="4">不知道 0 人</td></tr>
</table>

调查反映，不从事工艺美术行业的外地人中，没有一个人第一时间知道“南新工艺美术服务部”，但其中来过南新天街的人，听过“南新市天街上的那个工艺美术商店”这一解释后，都说知道。而外地从事工艺美术行业的人士，大多会反问，是否是“南新市天街上的那个工艺美术商店”。本地人中，不从事工艺美术行业的人，绝大多数

第一时间都不知道“南新工艺美术服务部”，但听过“天街上的那个工艺美术商店”这一解释后，都表示知道。本地人中从事工艺美术行业的人，一半左右能在第一时间知道“南新工艺美术服务部”，另一半听过“天街上的那个工艺美术商店”这一解释后，都表示知道。

这个调查，完全印证了方明的观点。第一，南新工艺美术服务部这个“商场”，确实在国内外拥有很高的知名度，南新市人和凡是来过南新市的外地人，都知道这个商场。第二，这个很高的知名度，并没有体现在“南新工艺美术服务部”这个店名上。本地人中，不从事工艺美术行业的人，绝大多数第一时间都不知道“南新工艺美术服务部”，而不从事工艺美术行业的外地人中，也没有一个人第一时间知道“南新工艺美术服务部”。第三，这个很高的知名度，主要体现为：天街的工艺美术商场。具体落实在三个要素上，一是“天街”这个地点要素；二是“工艺美术”这个行业特性要素；三是“商场”而不是其他业态。

这个调查，更进一步坚定了方明的信心。方明赶紧写出分析和建议报告，亲自给鲁总送过去。鲁总随手翻了翻，冷冷地对方明说：“这事儿已经定了，就这样吧。”

方明并没有气馁，又转而去找集团总经理王仁杰。方明被大家痛扁的事，早被添油加醋传到王总耳朵里了。王总没有想到方明还是没有放弃，还在努力做工作。他认真地阅读了方明的报告，听了方明的解释，肯定道：“你说得非常有道理。”

王总又问了方明一个问题：“如果取名‘南新工美艺术世界’，会有什么损失吗？”

方明回答：“没有显见的损失。短期来看，开业前后的广告效果可能无法体现在这个名称上，各种 VI 策划的钱也许会白花了。长期来看，如果开展连锁经营，这个名称因无法承载企业的无形资产而不能使用。”

王总想了想，先是对方明进行了一通鼓励，然后说：“这个名称，已经集团领导班子会通过，现在再改有点困难，而且全行业一时半会儿也很难理解，就先这样吧！”

从王总办公室出来，方明非常失落，感觉自己很失败。

很快，事实完全证明了方明的判断。开业时，各大报纸、电台、电视台几乎都异口同声，用的是“天街工美大厦”或“天街工美大楼”重装开业的大标题。至于这店的法定名称“南新工美艺术世界”，反而没人提及，被人们所忽视。

事后方明总结经验，在人微言轻的形势下，如果没有做好充分的准备，没有充分的依据，不能贸然发表反对意见，否则就有可能成为“殉道的布鲁诺”！

方明哪里知道，这次失败的研讨会，却带来了他职业生涯的重要转折。当行业内关于痛扁方明的传闻刚刚有点儿消停，又传来了一个惊人的消息：1998 年 4 月，方明突然接到调令，提升为南新工美艺术世界副总经理（正处级），主管财务。全行业哗然！这个任命，几乎引起了全行业财务系统的一致反对！

决策点评

本案例，看似是一个简单的给企业起名称的小问题，可从决策角度看，也有许多值得思考的地方。

第一，决策流程一般分为七个步骤。第一步，发现和定义问题。

对本案例来说，问题很明确，就是现有的店名太小气，不符合新的商业大厦的形象。第二步，确定决策目标。此处也比较清晰，商厦名称要取得大气、时尚，并能承继原商场的美好声誉。第三步，制订备选方案。本案例也相对简单，有了多个可行方案。第四步，评价备选方案。问题正好出在这个环节——如何评价这些方案的优劣对比，特别是方明提出的方案的优劣对比。第五步，方案抉择。本案例中，由于大家不能正确地评价各备选方案，自然无法做出正确的抉择。第六步，决策执行。第七步，回馈评估。决策执行和回馈评估一般是作为决策管理的重要内容，而不作为决策方法研究的重要内容，故本书也不作重点研究。

第二，评价备选方案，就是根据确定的决策目标，分析评价每个备选方案与目标的契合度。本案例的关键就在于如何评价每个备选方案对原商场的美好声誉的继承程度。

第三，透过现象看本质的能力，是方明正确评价每个备选方案对原商场的美好声誉的继承程度的关键。世人大都容易被事物的表面现象所左右，能透过现象看到本质，这需要很高的“格物致知”的能力。人们习惯于认为，企业知名度高，企业的名称大家一定都知道。方明却能认识到，企业的知名度可能只是落实在各种要素上，而不一定是企业的名称上，这也体现了方明较高的经济管理理论素养。

方明能透过现象，看到常人看不到的东西，看似随口一说，却很快开展了成功的调查研究，实则有很强的决策分析技巧。科学决策贵在有“理”有“据”，科学决策的重点也是难点在于，找到决策分析的“理”和“据”。

1. 看资产的价值，特别是无形资产，一定要看到它的核心价值体现在什么上，不能人云亦云，想当然。这就是方明决策分析所因的

“理”。方明敏锐地意识到，企业巨大的无形资产，并没有体现在“南新工艺美术服务部”这个店名上，而是体现在“天街”、“工艺美术”和“商场”这3个要素上。

2. 调查研究方案设计，是数据化决策的重要技巧，由此方明获得了决策分析所依的“据”。其关键要点在于，要针对问题，提前提出问题原因或解决问题方案设想，并根据此设想，通过设计提问来验证设想。设计好了提问，再根据提问，找到最佳获取途径。此处方明采用了电话调查，是省时、省力、高效的调研方式。

这次研讨会上，方明虽然观点正确，却没有被大家所接受，还受到了“多数人暴力”，这其中的原因值得我们各级管理者深思。

首先，决策方案的可接受性是决策成功的关键。一个好的决策方案只有在执行和实施后才能达到最终的目的。而如果在提出时就不能被大家理解和接受，就等于没有该方案。

其次，用数据说话，是提高方案可接受性的重要法宝。特别是对于大家公认的约定俗成的观念，不能简单地从理论到理论进行论证说服，必须用数据说话！用数据说话，是管理者统一思想、达成目标的最有效的工具。试想方明如果开会前就做好了调研，拿出调研数据，可能决策结果会完全不一样。

最后，作为高层管理者，更要对决策过程中的“多数人暴力”高度关注，引以为戒。俗话说：“真理往往掌握在少数人手中。”在决策讨论过程中，领导者在拿不准主意时，往往容易受多数人意见左右。企业可能有很多创新性的思想和方案，就是由于发表人“人微言轻”，而受到“多数人暴力”，最终被决策者否决了！

且继续往下看，方明的此次升迁为何会引起全行业财务高管们的反对呢？

第四章

力排众议，逆天开业预测

——工美大厦重新开业效益预测

话说1998年4月，方明突然被提任为南新工美艺术世界副总经理，主管财务，引起全行业哗然！几乎所有的财务系统都反对这个任命。事前，方明一点儿都不知道自己会调任工美艺术世界，更不知道多少人为了这个职位曾争得头破血流！

因为工美艺术世界重装开业，对集团来说是头等大事，所以集团总经理王仁杰亲自兼任工美艺术世界总经理，集团主管基建的副总经理鲁德兼任工美艺术世界常务副总经理。建起这个大楼不容易，鲁总立下了汗马功劳，但他对商业经营并不精通，原来的商场总经理张和春，自然就成了第二副总，而原商场负责大楼兴建的副总经理满光明，成为第三副总。

但是有一个关键职位——主管财务的副总，由谁出任，成了焦点问题。因为，这个副总是正处级。集团财务系统，除了集团财务处长是正处级，其余各单位总会计师、主管财务的副总，顶多是个副处级。于是，推荐的人、找领导说情的人，络绎不绝。王总就告诉大家："我已经有人选了，大家都不要白忙活了！"财务系统的各级领导们都翘首以盼，不知花落谁家。方明因不在财务系统，自然不知道这些事情，也不在大家的意料人选之中。

大家更不知道，正是因为上次更名研讨会上，方明坚持真理的学者精神和较深的理论与实践相结合的管理功底，打动了王总，促使王总下决心顶住各方面压力，提拔任用方明！

"他一天会计都没干过，怎么能去这么重要的单位管财务？"这是大家反对的最主要原因。但是组织已经决定，无法更改，于是大家都在等着看方明的笑话。

“五一”过后，方明到任，先参加了几次班子会议，主要是由原商场总经理张和春副总介绍开业筹备情况，特别是张总详细宣讲的原商场领导班子对开业后效益的乐观预测，引起了方明的高度关注。“凡事预则立，不预则废”，准确的开业预测，是经营计划的重要基础。

原商场领导班子预测，大厦开业后，每年将实现利润2 000万元！理由主要是：以前破旧的老楼建筑面积仅5 000平方米，1994年销售就达到了1亿元，利润300万元；现在成为现代化的商厦，建筑面积3万平方米，经营面积1万平方米，销售至少应该翻番。新楼各项费用增长约1 000万元，但销售毛利会增长3 000万元，所以每年实现利润2 000万元应该没有问题。

大家都沉浸在商厦开业将大大赢利的欢乐气氛中。但方明敏感地意识到，这个预测缺乏财务逻辑，站不住脚。大多数人做预测，

没有逻辑的预测实则是算命

往往应用简单的数据类推、总体趋势类推，这种预测看似有逻辑，实则同算命差不多。而实事求是的预测，应该针对所要预测的数据，认真分析影响其形成的各种基本因素，学术上称为驱动因子，并预计各个基本驱动因子的可能数值，最后形成对该数据的预测。如差旅费预计，先要确定去哪里、几个人；然后又进一步分为住宿费、交通费、餐费等；而单就住宿费一项，又需进一步明确几个人、住几天、住宿标准等。只有分析到具体的驱动因子，这样得出的预测数据，才是可靠能用的数据。

方明开始独自调研分析，进行开业后大厦的效益测算。方明想，由于这3年没有经营，没有参照数据，市场环境又有很大变化，所以很难预计未来收益。但是可以先预计保本点，进行盈亏平衡点测算。在盈亏平衡点测算的基础上，通过假设来对将来的效益进行测算。

第一，要对开业后大厦的各项固定费用进行认真细致的测算。

这与首饰厂的调研分析不同，首饰厂有现成的数据，只是一个收集归类整理进而分析的问题，相对简单。而大厦还未开业运营，一切都在筹备中，没有现存的数据。要弄清楚每项成本费用的构成要素，必须进行大量的调查研究，许多时候需要同基层人员进行认真的访谈和共同测算。

1. 人工费用预计每年1 389万元。这项费用的预计就很有难度。由于各楼层经理还没有完全定下来，因而没有具体的各楼层各单位用人规划，人力资源部门也说不清楚总体的情况。为此方明找了许多老经理，让他们帮助预测每楼层合理的用人数。根据各楼层面积，以及过去每个售货员的平均盯货面积，结合过去不同楼层的客流差异状况，对新楼开业后人均盯货面积进行预计，最后测算出大厦岗上人员约为704人，平均工资每人每月1 000元。还要算上五险一金等工资性费用，约占应发工资的49%。加上68位内退人员和30位保安人员费用，人工费用共计每年1 389万元。

2. 财务费用预计每年1 221万元。商场发行了3 000万元的企业债券，每年利息280万元；贷款9 904万元，年利息率为9.5%，每年利息941万元。

3. 折旧费用预计每年1 087万元。这项测算，需要认真盘点企业资产，当然这个财务部就能算出来。一般房屋折旧按30年算，设备折旧按15年算，每年折旧费用为1 087万元。

4. 物业费用预计每年661万元。这个数据的测算，方明费了不少力气。为测算电费，方明同大厦工程师认真研究了中央空调的开机时间、功率、几台机组的省电策略，才测算出中央空调一年的预计耗电量。同样，照明也是一个用电主项，需要认真研究各楼层的功率、开灯时间、节电策略等。最后，方明同工程师共同推算出来，一年耗电量大约为553万度，费用为442.4万元/年。加上水费、煤气费、热力费、设备维修费，全年物业费用约661万元。

5. 其他管理费用预计每年约302万元。方明通过对保险费、车辆费、广告费、办公费、业务招待费、安保费等各项费用进行详细测算，预计这些费用总计约302万元。

6. 应上缴的各项税费每年约327万元。其中，大楼房产税183万元、土地税4万元、大厦出租收入和物业管理费收入应缴的营业税金约70万元。销售税金及附加，考虑增值税、营业税和消费税因素，约为70万元。

7. 递延资产和开办费用摊销约344万元。

以上费用合计约5 331万元，其中付现成本约3 900万元。

第二，要对大厦开业后的固定收入进行预计。

大厦整体安排如下：大厦 B 层为餐饮层，主要用作出租；1 ~ 3 层为商业层，主要用作自营；4 ~ 6 层主要用作联营，即由其他商家直接卖货，大厦进行销售分成；7 ~ 8 层为写字楼，用作出租；9 层为办公自用。

经调查，固定收入预计分为三类。一是大厦 7、8 两层写字楼出租收入；二是大厦的物业管理费收入，主要是 7、8 两层租房户和 4 ~ 6层的联营商户，需要按面积交物业管理费；三是大厦 B 层餐饮出租收入。

预计的固定收入与固定成本见表 4 – 1。

表 4 – 1　工美大厦固定收入与固定成本预计　　（单位：万元/年）

费用测算		收入测算	
固定费用合计	5 331	固定收入合计	1 583
人工费用	1 389	7、8 层房租	593
物业费用	661	餐饮层租金	315
其他管理费用	302	物业费收入	675
财务费用	1 221		
应上缴的各项税费	327		
折旧费用	1 087		
递延资产和开办费用摊销	344		

由表可知，商场的固定收入不能完全弥补固定费用，差额为 3 748万元，需要由商品销售创造的利润来弥补。

第三，对商场的利润贡献进行预计。

在管理会计教程中，一般要对产品生产类企业计算盈亏平衡点①。通常用单个产品销售价格减去单个产品变动成本，计算出单个产品的利润贡献。但是商场经营产品众多，不可能用单个产品利润贡献来计算，怎么办呢?

方明想，如果用单位销售收入，测算每单位销售收入的利润贡献，就能很好地解决这个问题。实际上，就是计算商场销售的利润贡献率。

商场1~3层，主要是进行商品自营。通过调研和估算，一般销售毛利率为35%。利用毛利率这个指标，商品本身的成本，就作为变动成本被扣除了。按过去的经验，自营商品都有约1%的商品损失应该扣除；同时集团公司还要求各级子企业，按销售收入的1%上缴管理费用，也应扣除。因此，商场1~3层自营销售的利润贡献为33%。

---

① 在各类经济管理教材中，盈亏平衡点分析通常作为测算产品生产经营类企业保本点产量或销售量的重要工具。在分析中，将企业生产经营成本划分为两类，一类为随产量变化而变化的成本，即变动成本；另一类不随产量而变化的成本，叫固定成本。每增加销售一个产品，不会增加企业总的固定成本，但会增加企业的变动成本。每增加一个产品的生产与销售，为企业利润做出的贡献，叫作边际利润贡献，用公式表示为：

产品边际利润贡献 = 产品销售价格 − 单位变动成本

一定的产品量下，产品的利润贡献用公式表示为：

产品利润贡献 = 企业销售收入 − 变动成本

产品的平均利润贡献为：假设企业生产经营单一产品，上列等式两边同除以产品产量，则公式为：

产品平均利润贡献 = 商品平均销售价格 − 平均单位变动成本

为此，生产经营类企业可得出盈亏平衡点的商品产量或销售量的计算公式如下：

盈亏平衡点商品量 = 固定费用 ÷ 单位产品利润贡献

商场4~6层主要与商户进行联营。通过调研分析，商场的收入主要是流水分成，一般分成比例为25%，即相当于商场实现毛利25%。扣除按销售收入的1%上缴集团的管理费用，其利润贡献率为24%。

但是问题又来了：由于各楼层销售收入不均衡，利润贡献率不一样，如何统一计算盈亏平衡点呢？

方明经过仔细分析，请教了原商场老的楼层经理，他们估计，4~6层的销售收入仅相当于1~3层的60%。凡是预测都有假定，方明准备用这个经验数作为假定，计算商场平均销售利润贡献：

商场平均销售利润贡献＝（1×33%＋0.6×24%）÷（1＋0.6）

＝29.625%

第四，现在可以计算商场的盈亏平衡点了。

需要由商场商品销售创造的利润来弥补的固定费用缺口为3 748万元。则盈亏平衡点为费用缺口除以商场平均销售利润贡献，即：

盈亏平衡点销售收入＝3 748万元÷29.625%＝12 651万元

换句话说，商场每年需实现商品销售1.27亿元，商场盈亏才能持平！

注意，这个数据是不含税数据。而人们一般概念里的每年销售额，是指含税销售收入，因此需要换算成含税销售收入。按17%的增值税率，其计算如下：

12 651×（1＋17%）＝14 801万元

商场盈亏平衡点的含税销售收入为14 801万元。按40.6天的营业时间算，每天需实现含税销售40.6万元！

第五，进一步计算付现盈亏平衡点。

在固定费用中，折旧费用1 087万元与递延资产和开办费用摊销约344万元，共计1 431万元是不需要付出现金的，因此大厦的付现费用为3 900万元。付现费用减去固定收入1 583万元，其需要商品经营利润弥补的差额为2 317万元。则付现盈亏平衡点的计算如下：

付现盈亏平衡点销售收入=2 317万元÷29.625%=7 821万元

即商场每年需实现商品销售7 821万元，才能打平付现费用。折算成含税销售为9 151万元，平均每天约为25万元。

第六，预测商场开业后的效益，这是大家都比较关注的问题。

要预测商场开业后的效益，必须先预计出商场的销售收入。方明意识到，由于1995年开始停业，没有这几年的历史销售数据，销售预计将无历史数据作为依据。而且1995年到1998年的这几年间，商业环境变化很大，特别是天街已经开始大规模施工3年了，预计1999年能完工，这几年对天街客流的影响也是巨大的。工美大厦能否重现辉煌，真是个未知数。

没有历史数据，无法进行趋势分析，那就只能假定几个关键数据，进行所谓的专家预测，让大家来投票预计。

方明提出了以下几个销售收入数据，供大家研讨。

1. 1994年停业前，大厦最好的销售水平（含税）：1亿元，平均每天销售27.4万元。

2. 付现盈亏平衡点①销售收入：9 151 万元（含税），平均每天销售25 万元。

3. 盈亏平衡点销售收入：14 801 万元（含税），平均每天销售40. 6 万元。

而在同过去商场的各位资深经理研究的过程中，大家比较一致的观点如下所示。

1. 停业前，销售收入（含税）达到1 亿元，有历史的因素。当年，组团到天街购物是旅游团一个必选的项目。但是这几年，由于天街大规模施工，旅游团已经过不来了。而且，当时因为1995 年年初的停业，有大规模的甩货促销，低价清理库存，也是销售额创新高的一大因素。

2. 停业前，各新兴商业区才刚建起，人气还没起来。天街作为著名的传统商业街，就连南新市的本地市民也经常到此购物。这几年，天街的大规模基本建设使其成为一个大工地，而其他新兴商业区快速成长起来，南新市市民已没有到天街的消费惯性了。

3. 综合以上分析，旅游团不来，南新市民也不再来，天街必须要等到1999 年全部完工后，才有可能重新培育人气。因此，工美大

---

① 付现盈亏平衡点，是指企业现金收支正好处于持平的状态点。付现就是指付出现金。在企业经营中，变动成本一般都是作为付现成本，但固定成本中，有的项目是不需要付出现金的，如折旧、递延推销等成本项目。为此，企业的付现固定成本会小于企业的固定成本。

企业盈亏平衡点的计算公式可表述为：

企业销售收入 = 固定成本 + 变动成本

企业付现盈亏平衡点的计算公式可表述为：

企业付现销售收入 = 付现固定成本 + 变动成本

因此，企业付现盈亏平衡点要小于企业盈亏平衡点。

厦重新开业，能否实现销售1亿元，还是个巨大的问题，很有可能只实现付现盈亏平衡销售，即每天销售25万元。如果开业后大厦仅能实现付现盈亏平衡，则意味着大厦各项摊销和折旧都没法计提弥补，将亏损1 431万元！

终于大功告成！经过近1个多月的调研分析，方明终于完成了开业盈亏平衡分析及效益预计，他兴高采烈地将报告交给了集团副总兼大厦常务副总鲁德。

鲁总看着报告，问方明："你什么意思？"

方明赶紧解释："经过测算，大厦必须每年卖出14 801万元，平均每天销售40.6万元，才能打平不亏。经过各楼层经理的认真分析认为，每天能卖出25万元就不错了，即开业后至少亏损1 400万元！"

"啪！"鲁总将报告狠狠地往桌上一摔，腾地站了起来，用手指着方明："你这账是怎么算的？我们砸锅卖铁，重建起的大厦居然是巨额亏损的？"鲁总对工美大厦重建可谓呕心沥血，在心理上不能接受这个结果，有这种反应，实属人之常情。

方明由于没有心理准备，措手不及。他诧异地看着鲁总，委屈地说："这账……不是算出来的……"

方明由于经验不足，犯了职场上一个严重的错误。当领导由于不理解或说外行话发火骂人的时候，千万不要轻易答话，搞不好，无意间就成就了诋毁领导的段子。所谓"好事不出门，坏事传千里"，方明的这句回答，被在场的人传了出去，成了许多人诋毁鲁总的段子。这帮人一说到鲁总，就一拍桌子说："账不是算出来的！"无意间，方明与鲁总从此结下难以化解的仇怨。

1998年7月1日，大厦如期开业，很快便印证了方明的预测。

开业头一个月，平均每天销售额约为 17 万元。1998 年下半年，实现含税销售 2 451 万元，平均每天仅销售 13.4 万元，远远出乎大多数人的预料。方明一鸣惊人，力排众议，推翻了原商场领导班子开业即大赚的乐观预计，成功预测了大厦开业将面临巨额亏损，一下子堵住了财务系统众人对他的反对声音。

但是，人们都知道，工美大厦开业时，对外欠款上亿元，账上现金仅剩 300 多万元。而对于一个上万平方米的商场来说，开业仅剩 300 多万元现金，资金风险之大，可想而知。大家想，看来书生算账是有长处，可你怎么解决这资金难题呢？看来，大家还等着看方明的笑话呢。

决策点评

商场原班子人员，应该是最了解商场经营和管理情况的，而方明刚到商场，应该算是个外行，且商场还没有开业，没有现成的数据可用。可为什么商场原班子的预测和方明的预测相比，却大相径庭呢？

首先，原班子的预测，从本质上看，只是一个简单的测算，算不上是严格的预测。科学的预测，应是一个严格的程序化、逻辑化的工作。每一个数据的得来，都要有清晰的依据和逻辑，否则，就是算命。因此，原班子的测算同事实相差较大，也就不奇怪了。

其次，方明的预测，有严格的程序和逻辑。对每一个需要预测的数据，认真分析了其各种影响因素，即驱动因子，并预计各个基本驱动因子的可能数值，最后才形成对该数据的预测。只有分析到具体的驱动因子，这样出来的预测数据，才是可靠能用的数据。因此，方明的预测最后能被实践所证实。

最后，方明没有死套盈亏平衡点的计算公式，而是在实际应用中进行了变通。方明创新性地利用销售毛利率的估算，来测算单位销售利润贡献，从而创造性地在商业企业中应用了盈亏平衡法，这是确保本次预测成功的一个关键技巧。

决策与预测密不可分，预测是决策的基础，它贯穿于决策的每一个环节。本案例属于决策的第一环节，通过预测来发现和定义问题。正确的决策往往建立在准确的预测基础上。预测对企业经营管理越来越重要，高层管理者越来越需要更多的预测工作来支持他们在越来越多变的环境下的决策。准确的预测能力，是企业经营管理人员的基本功，但是预测又往往是很有技术含量的工作。如何成功实施经济预测，总结如下 3 点意见。

1. 科学的预测，是一个严格的程序化、逻辑化的工作。每一个数据的得来，都要有清晰的依据和逻辑，都要认真分析和测算其驱动因子，否则，就是算命。

2. 预测工作需要大量的知识支撑。正是因为需要对每一个数据都认真分析其驱动因素，因此成功的预测，不但需要财务的知识、预测方法的知识，以及应用这些知识的技巧，很多时候还需要对企业外部环境和内部情况进行充分的了解和分析的知识与能力。

3. 成功的预测，往往是该单位专家们的集体智慧的体现。正是因为预测工作需要大量的知识支撑，而任何人都不可能是全才，因此预测需要各方面专家的共同配合。预测，不仅涉及财务部门和人员，还涉及各个部门方方面面的人员的相互配合。与别的专业人员的沟通、学习和合作，是成功预测的关键。

让我们继续往下看，方明如何闯过资金难关。

第五章
资金规划，渡过开业难关
——工美大厦开业资金规划

工美大厦，一个上万平方米的新商场开业在即，而账上现金仅剩下300多万元，同时银行欠款1亿元，工美大厦原领导班子一直给集团公司打报告，认为具有较大的资金风险，要求开业投入2 000万元，以解燃眉之急。但是集团公司已拿不出钱了，大家对大厦能否具有足够的资金，确保正常开业，非常担心。集团公司领导对大厦的资金风险也非常担心，特别是对于方明这位从来没从事过财务专业岗位工作的新上任的大厦财务主管，能否合理筹措资金，保证大厦正常开业，更是非常担心。全行业的干部职工都在关注他、担心他。方明自己也感到压力巨大。

资金风险吓死人

上任伊始，方明立即开始认真分析大厦的资金状况。

在商场重建期间，整个商场被分为两部分。一部分为经营部，由原商场总经理张和春带领，化整为零，继续到其他商场、大饭店租柜台，开展工艺美术商品经营；另一部分为基建部，由集团公司鲁德副总经理带领，原商场主管物业的副总经理满光明具体负责，进行新大厦的基建工作。为此，财务也分为两部分，一部分为原商场财务，另一部分为基建财务，彼此相对独立。基建账在商场账上仅体现为在建工程的总数，而基建部分的具体资金运作，商场财务不管也不了解。这给方明了解、掌握大厦总体资金状况带来了难题。方明只能分头了解两个部门的资金状况。

首先，了解基建部资金状况。新大厦基建总投资款已基本确定为 32 671 万元。资金来源主要为：集团公司投资拨款 3 400 万元，银行贷款 5 500 万元，发行企业债券 3 000 万元，设备融资租赁款 900 万元。另外，为了筹资，大厦将一部分面积长租给麦当劳 30 年，一次性收回租金 7 846 万元；一部分面积长租给交通银行，一次性收回租金 732 万元。同时，大厦开业，商家预付装修费 266 万元。以上所有收款共计 21 644 万元，按计划留出 88 万元供开业准备用款，其余 21 556 万元将在大厦开业前，全部给付工程款。最后还将欠工程款 11 115 万元！方明实实在在地感到压力巨大！基建部资金来源与应用如表 5－1 所示。

表 5－1 基建资金来源与应用 （单位：万元）

资金需求		资金来源	
基建总投资	32 671	集团公司投资拨款	3 400
开业准备款	88	银行贷款	5 500
		发行企业债券	3 000
		设备融资租赁款	900
		一次性收回麦当劳 30 年租金	7 846
		一次性收回交通银行租金	732
		商家预付装修费	266
小计	32 759	小计	21 644
总计欠工程款 11 115			

其次，了解经营部资金状况。停业这几年，由于经营规模大幅下降，企业赢利能力不足，亏损严重。经营部为了维持生存和发放职工的工资，将过去企业的积蓄全部花完了，还向银行贷了4 404万元。但是方明在调研中了解发现，商场的运营资金几乎不用自己出，主要都是赊销，占用厂家款项。按当时的商业惯例，大厦开业备货，可以从厂家赊销，待销售实现后再与厂家结账，销多少结多少。也就是说，大厦开业备货，绝大部分是占用厂家资金。在大厦开业后，方明几乎可以不用操心商场运营资金的投入与弥补。这一下可使方明如释重负！只要不挤占商场运营资金，就能保证商场的正常运营。那么资金运作的重点主要集中在归还各种欠款，严防资金风险发生上。

有了这个发现，也解决了方明的另一个大难题。方明在资金规划中，可以不考虑补充商场运营资金这个因素，从而大大降低了规划难度。

资金需求了解清楚了，关键要确定各项欠款的还款进度安排。银行欠款、债券等是到时必须归还的。为此方明同银行沟通，商定了一个机制，银行贷款到期时申请转贷即可，不用一还一贷。而其他款项还款还是需要用现金支付。工程欠款由于数量巨大，还款日期就显得非常重要。于是方明立即找到负责基建的满总商量工程欠款还款计划。经过满总同建筑施工方多次沟通协调，最后商定所有11 115万元工程欠款，力争未来5年内还清，每年平均等额还款。

还款进度计划清楚了，下一步就是明确还款资金来源。还款资金，一靠商场未来经营活动挣得的现金，二靠借款，特别是向银行贷款。那么经营活动能挣得多少现金，就成为未来资金规划的关键。而这个问题，又与开业后的经营效益预计密切相关。如第四章所述，开业前详细的经营效益预测已完成，经方明同过去商场的各位资深经理研究，大家比较一致的观点是：鉴于天街必须要等到1999年全部完工后，才有可能重新培育起来人气，工美大厦重新开业后，很有可能仅能实现付现盈亏平衡。

规划都是建立在对未来情形的假设基础之上。以第四章中所述的开业前经营效益预测为基础，方明假定了几种情况进行测算。第一种情况是，以天街基建工程改造完工为标志，对企业效益进行划段。因为1999年8月以后，天街基建工程改造才能完工，新大街才能正式开街。在这之前，天街客流量都不会正常。1998年7月1日开业后至1999年全年，商场逐渐实现付现盈亏平衡。先假定2000年商场已实现盈亏平衡，以后销售每年增长10%。第二种情况相对较为乐观：开业后1998年下半年即能实现付现盈亏平衡，1999年实现盈亏平衡，以后销售每年增长10%。

现在可以推算出经营活动能为企业挣来的现金了。由于有了第四章中所述的盈亏平衡测算的基础，知道了销售收入，就能推算出实现利润，因为综合销售毛利率已经预计为29.625%，固定成本费用各项目也已测算出来。根据实现利润情况，我们将非付现成本和费用加回去，再将非经营性的财务费用加回去，可推出经营性现金净流量的增加额。这就是经营活动能为企业挣来的现金。

经营活动挣来的现金，不需要补充运营资金，主要有5项应用：归还工程欠款、还银行贷款、给付银行利息、归还租赁款、归还债券款。经营活动挣来的现金不足以支付的部分，则需要新增银行贷款来补充。

第一种情况的资金状况预测见表5－2。

表 5－2　资金状况预测

	1998 年下半年	1999 年	2000 年	2001 年	2002 年
1. 不含税商业收入	3 911	7 927	13 622	14 984	16 482
2. 经营性现金状况					
（1）利润	－716	－1431	0	168	663
（2）折旧	544	1 087	1 087	1 087	1 087
（3）递延摊销	172	344	344	344	344
（4）财务费用	611	1 252	1 500	1 736	1 685
经营性资金净流入	611	1 252	2 931	3 335	3 779
3. 资金的运用					
（1）归还工程款	0	2 223	2 223	2 223	2 223
（2）还银行借款	9 904	10 234	12 837	15 327	17 742
（3）付银行利息	941	972	1 220	1 456	1 685
（4）归还租赁款	0	472	472	0	0
（5）归还债券款	0	188	1 506	2 071	0
4. 资金缺口	10 234	12 837	15 327	17 742	17 613
5. 资金筹集					
（1）银行转贷款	9 904	10 234	12 837	15 327	17 742
（2）需新增筹款	330	2 603	2 490	2 415	－129

由表 5－2 可见，1998 年下半年，假定商场实现付现盈亏平衡，而由第四章中所述的盈亏平衡测算可知，折旧、递延推销只取半年数，利润正好不能弥补这两项非付现成本，为－716 万元。财务费用也取半，为 611 万元。这其中，除了银行利息外，还有每年 280 万元的债券利息。银行的利息，是下半年支付，且支付的是全年息 941 万元。这样，经营性活动挣得的现金为 611 万元，不足以支付除归还银行贷款外的付现支出，缺口为 330 万元，必须在下一年新增贷款。

因此，到1999年，银行贷款就从9 904万元，变为了10 234万元。相应的银行贷款利息按9.5%计算，也相应地增加了财务费用。由盈亏平衡测算可知，1999年财务费用为1 252万元。这样，根据我们1999年实现付现盈亏平衡的假定，折旧费用1 087万元，递延摊销344万元，得出1999年利润为－1 431万元。由此可推算出1999年经营性现金净流入为1 252万元。

从1999年起的5年内，每年需归还工程欠款2 223万元。1999年需归还上年银行贷款10 234万元、银行利息972万元，归还租赁款472万元，归还债券款188万元。共计1999年需归还14 089万元，资金缺口为12 837万元。为此，1999年银行贷款的10 234万元，直接从银行办转贷手续，还需要新增融资2 603万元，以弥补资金缺口。

以上内容推算出了1999年的各项数据，以后各年份数据按理同推。

同理，方明根据第二种情况做了另一张资金状况预测表。

完成这几张预测表后，方明一直悬着的心终于放了下来。正是有了这几张资金状况预测表，使得方明对大厦的融资安排有了预先的筹划。特别是看到表5－2中，1998年下半年资金缺口330万元，1999年资金缺口将高达2 603万元，合计达3 000万元左右，而大厦此时的资产负债率已高过74%，向银行增加贷款已有难度，方明当即决定，提前向银行运作，争取增加贷款3 000万元。1998年年底，新增3 000万元银行贷款如期实现，开业后大厦的资金风险被彻底化解了。

1999年3月，正当方明的业务干得顺风顺水的时候，意外的事情发生了！方明又被抛到了另一个危险的职业境地！

1998 年年底，集团总经理王仁杰年届 60，功成身退，由集团原副总宫知深接任总经理。由于工美大厦已顺利重新开业，进入正常的业务运营阶段，宫总决定集团领导都不再在工美大厦任职。王总退休，自然不再兼任大厦总经理，鲁总也不再兼任常务副总。大厦总经理由大厦主管基建的副总满光明升任，方明继续留任大厦副总经理。

3 个月后，上任不久的满总找到集团总经理宫总，哭着要求道：无论如何要将方明调离大厦。问其理由，回答是："没有理由，就是合不来！您既然用我做大厦一把手，我就不用他，领导您帮帮忙！"

原来方明这段时间管理大厦财务，得了一个"铁面方"的绰号，其中有件事广为人知。方明在审核各科室上报的付款计划时发现，大厦信息系统建设报价中包含了 200 多万元的布线费，而在大厦施工决算中，综合布线也有相关工程量。经方明调查了解，布线工作已由大厦施工方完成了，而不是由信息系统建设方完成的，因此方明就将这笔钱给扣了。信息系统建设方通过各级领导，特别是原商场的领导打招呼说情，方明都没有松口，最终还是给扣了。这种管财务的领导，一般人还真有点怕他！

1999 年 6 月底，方明接到通知：到工美集团下属的一家合资企业任总经理。方明一去才了解到，该企业已山穷水尽，濒临破产！方明的职业生涯又一次面临巨大危机！

决策点评

企业经常会遇到很多具有风险的事项，有的事项看起来风险会很大，如果不进行量化分析，“用数据说话”，光在那儿“看”和“议”，那风险将越看越大，越议越吓人。“上万平方米的商场开业，账上仅剩下300多万元现金，同时还欠银行1亿元”，凭人们的认知常识，确实风险极大，方明起初也是被大家的“议”吓到了。

但方明很快对资金风险进行了分解和分析。首先，看基建欠款是否存在风险。可通过5年分期支付，开业时暂不存在资金风险。其次，看商场开业备货是否存在资金风险。可通过赊销方式，备足货品，也不存在备货的资金风险。通过分析，方明很快就如释重负，开业当期没有资金风险！资金风险主要发生在未来，关键是开业后，能否按期归还欠银行的1亿元贷款和欠建筑商的1.1亿元建楼款。为此方明开始进行长期资金规划，立即找到了关键措施来应对长期资金风险，从而有效化解了工美大厦开业后可能存在的危机。

第四章中讲到，决策与预测密不可分，预测是决策的基础，它贯穿于决策的每一个环节。本案例主要涉及决策的第一环节和第三环节，通过预测来清晰定义问题并据此制订可行方案。为此，我们从决策角度，进行了以下3点总结。

1. 对经营管理过程中面临的风险，不能简单地“议”，要用数据说话，努力对其量化分析，做到心中有数，才能妥善应对。

2. 资金规划是应对资金风险，开展融资决策的重要工具，是企业，特别是财务高管必须具备的基本技能，也是管理会计的重要课题。“凡事预则立，不预则废。”对于资金比较紧张的企业来说，认真做好资金规划，对未来开展资金与资本运作都至关重要。

3. 预测要抓大放小。预测将未来的不确定性，通过各种假定和推测，转变为未来的可能性。由于未来状况千变万化，在预测中不可能面面俱到，因此，善于抓大放小，是预测成功的关键。本案例不考虑营运资金增减对经营性现金流的影响，有效回避了运营资金预计中的复杂性，同时又有效反映了影响经营性现金流的主要矛盾，因而没有影响预测质量。

4. 预测作为决策之“理”，将应用大量的经济学、管理学与财务会计学的理论与方法。在本案例对未来资金流测算的过程中，应用了盈亏平衡与付现盈亏平衡测算方法，以及财会学的大量知识。经济学、管理学与财务会计学，是我们经营决策之“理”的重要来源。

“书生，算算账还行，去独立经营企业，你行吗?”不少人私下又等着看笑话呢！让我们接着看方明将如何领导企业，摆脱危局。

第六章

术中有数，创新促销策略

——拉菲公司促销策略中的经济分析

1999 年 6 月 24 日，周四，方明突然接到总部通知，得知自己被任命为集团下属拉菲首饰公司的总经理，要求他 28 日上午参加拉菲公司董事会议并到任。

方明赶紧到集团财务部找拉菲公司的财务报表，被告知：合资企业不向财务部报送报告，应去外经处查找。到了外经处，对方说会计报告没人看，所以找不到了！这就是当年国有企业从行政性公司转到企业性公司的管理写照。

28 日，方明到拉菲公司参加董事会议，发现除几位财务人员外，公司没有干部和工人上班，因为工厂正在放暑假。

会上，前任总经理赵和做了上年度工作报告，并聘任方明为新总经理。当一听到赵总报告中说 1998 年全年实现销售收入 1 414 万元，实现利润 9.8 万元时，方明意识到问题很严重了！

拉菲公司主要生产黄金首饰。方明根据过去对首饰厂的调研得知，工厂生产黄金首饰，再批发给商场，大约每克挣差价 8 元，扣除 17% 的增值税，每克毛利 6.83 元，销售毛利率 9.4%。1998 年实现销售 1 414 万元，则能挣回毛利 133 万元，平均每月为 11 万元。对这么一个上百人的工厂，光工资都可能发不出来。为此方明判断，公司账面上的盈利肯定是做假账做出来的！

第二天，方明到任后，立即找财务主管了解情况。问题比他想象的要严重很多。截至 1999 年 6 月 25 日，公司的现金加银行存款共计仅剩 32 万元，应收账款 185 万，两项合计 217 万元，其中实际能参与周转的资金共计 90 万元。1999 年上半年，公司每月资金收不抵支，缺口达20万元之巨！资产中潜在水分高达952万元，仅存货1 372万元中，潜亏超过803万元，其中未摊销的生产成本，计入在产品账的就高达534万元！公司向银行贷款总额为1 110万元，账面资产负债率68%，实际高达136%，濒临破产！因为没有生产任务，公司借机放暑假，实际上工厂已经停产了。

情况万分危急！

方明了解完情况后，立即打电话给集团宫总。宫总听完情况气急败坏，在电话里大骂："一帮骗子！"当方明提出向集团紧急借款100万元以资周转时，又被宫总大骂了一顿："都来找我借钱，我找谁去？"

一句话，要钱没有！怎么办？

方明紧锣密鼓地对公司的财务与资产、产品与市场、技术与人员等，进行了认真调研。

公司干部和群众对公司的经营状况早有察觉，可只要能正常开工资，谁还管那么多呢？新的总经理一来，大家才真正知道公司巨额亏损、入不敷出、濒临破产的真相，感到大事不好，都担心会下岗回家，因此士气低落。为了稳住军心，方明宣布："只要我在任一天，决不裁减人员！"

7月，方明接手的第一个月，销售进一步下滑，由6月的125万元下滑到108万元。8月份开始有所回升，为123万元。

通过两个月的调研、思考，方明有了下一步的设想。但一切都需要钱，90万元现金，仅能购买11千克黄金用于周转，无法达到盈亏平衡。钱从哪里来呢？

"巧妇难为无米之炊。"向银行贷款？已经贷了1 110万元，这种资产负债状况，已是不可能了。而且还不能让银行知道公司目前真实的经营状况，否则银行一旦收紧信贷，公司会立即破产！

行业有言，“金九银十”，9 月马上就要到了，必须抓住这宝贵的时机，找到钱，开始行动。否则企业如果继续这样耗下去，只有死路一条！唯一的办法是处理存货，库房中还有账面价值近 500 万元的各类黄金镶嵌珠宝首饰。

方明将经理们召集起来商讨如何将这些黄金镶嵌珠宝首饰变现，没想到大家一致反对！

财务经理首先反对。他说：“这些存货，人为摊入了大量生产成本，放在库里能顶 500 万元的账，拆成原材料，50 万元都不值。真要处理，账面将出现大量亏损。”

方明说：“账面亏损，是名誉问题，盘活资产拿回钱，是生存问题。生存是第一位的，该不该处理存货就不用讨论了，重点是研究如何将这些存货卖出去。”

经营经理们也表示反对。他们说：“这几年镶嵌饰品的主要潮流是白金镶嵌，我们的存货还是黄金镶嵌，本来就不好卖。何况这些首饰又都是几年前卖剩下的老货，款式陈旧落后，已做过多次降价促销，能卖的都想办法给卖了。按行业惯例，这些存货早就应该回炉处理了。一句话：根本不可能卖出去！”说到这些，经理们一个个垂头丧气。

方明同经营经理们到库房将存货调出来，仔细进行了研究。确实如大家所说，都是过时产品，款式陈旧老气，没有卖点。

方明陷入了深深的思考之中。产品款式没有卖点，但黄金珠宝本身是有价值的。可以从这一“价值”上做文章，让老百姓觉得特别的“值”，这样，产品过时、款式老气的毛病就有可能被大家所忽视。方明很快有了促销方案。

方明立即兴奋地把各位经理找来，给大家算了一笔账。目前在商场的各类镶嵌首饰，由于单品售价高，周转较慢，资金占用大，厂家和商家都采用高毛利率策略。一般销售政策是高标价，然后给顾客高折扣，至少七折，实现销售后，扣除消费税，商场在销售收入基础上，提成30%，剩下才是厂家的。一个工厂成本100元的镶嵌珠宝首饰，商场一般标价500元，有可能给顾客打六五折，实际销售成交价为325元。交完增值税，再交完消费税后，还剩264元。商场要分成30%，即商场收入79元，工厂的收入为185元。工厂的毛利为85元，毛利率46%。如果我们采取低毛利率策略，说服商场同我们一样，采用低分成，即按15%分成，则工厂成本100元的产品，我们商场的标价可只标到200元。

“同样的产品，标价从500元降到200元，那对顾客会产生一个巨大的心理冲击！特别是对低收入群体——那些只是想拥有一件黄金首饰，而不太在乎款式的消费者来说，会有巨大的吸引力，一定会掀起一个销售热潮！”方明斩钉截铁地说。

方明兴奋地向经理们继续灌输他的促销账：“这样我们就不用赔本处理存货，还能有利润。商场表面上看分成减少了，但只要在同样的时间段内实现3倍于平常的销售，商场就可以分到72元的收入，基本同过去持平。而且我坚信，这种低价促销，销售量决不会低于平时的10倍！商场只会赚得更多！这是一个多赢的方案！”方明坚定地给经理们鼓劲儿。

方明将首饰销售各环节如何算的账，列出了一个表，如表6－1所示。

表 6-1　工厂不同标价的收入比较　（单位：元）

项目	5 倍标价	项目	2 倍标价
工厂成本	100	工厂成本	100
商场标价	500	商场标价	200
六五折成交价	325	成交价	200
缴增值税后	278	缴增值税后	171
缴消费税后	264	缴消费税后	162
商场分成 30%	79	商场分成 15%	24
工厂收入	185	工厂收入	138
工厂毛利	85	工厂毛利	38
工厂销售毛利率	46%	工厂销售毛利率	27%

统一了思想后，方明立即到他刚离开的工美大厦，找到满总谈15%分成的问题。也许是听懂了他的方案，更有可能是给他一个面子，满总很快同意拿出一层最好的两个柜台、10 平方米商业面积，进行促销。

方案基本成熟了。万事俱备，还欠如何让南新市民知道这里有便宜可取。方明立即请工美大厦的公关部张经理帮忙在《南新晚报》上发消息。这位张经理也好生了得，写了一篇颇有吸引力的文章：《快到工美大厦捡便宜!》。

9 月中旬，文章见报的第二天，促销柜台立即被热情的市民围了个里三层外三层！4 个销售人员忙不过来，方明又把公司管理人员调来助销，人手还不够，只能请商场楼层经理也一起参与销售。当天即销售 10 万元！这种火热的势头，一直持续了两个星期。而且由于人流不断，这几日，将工美大厦整体的销售也带着翻了一番！

找到卖点是关键

当月工美大厦促销柜台含税销售66万元，扣除增值税、消费税，销售54万元，商场按15%分成，收入8万元。仅3周时间，平均每平方米收入8 000元，每天每平方米收入400元，商场收入10倍于正常出租收益。拉菲公司也成功促销库存，收回46万元宝贵的现金！

“黄金镶嵌首饰，在产品极大丰富的年代，还会形成如此火爆的抢购风潮，这创造了行业的奇迹！”业内的许多人士如此评论道，一时成为整个行业的美谈。当然也有不服的，集团内部某位高管就说了：“方明懂什么，就知道把5毛钱的东西卖2毛钱！”

9月，拉菲公司实现销售221万元，而上年同期仅为117万元。公司上下士气高涨，接下来更是捷报频传：10月，销售扶摇直上，高达506万元！11月实现销售320万元！12月实现销售445万元！这4个月销售共计1 492万元，超过1998年全年公司销售的1 414万元，公司立即扭亏为盈！

回想起过去的峥嵘岁月，方明也禁不住热血沸腾！

公司业务有起色了，内部的矛盾也暴发了。一天中午，方明从外面考察回来，看见市场部两个业务经理同首饰车间主任正吵得不可开交。

新的问题又来了！

决策点评

本案例的关键在于如何创新性地制订可行方案，这属于决策流程的第三阶段。

在白金镶嵌首饰为主要消费潮流的当下，黄金镶嵌首饰还能大卖，形成如此火爆的抢购风潮，确实让人匪夷所思！更何况这些产品都是经过多次降价促销后剩下的款式陈旧落后的老货。当所有人都肯定地说根本卖不出去时，为什么方明能独辟蹊径，一举成功促销呢？

首先，方明没有人云亦云。领导者在许多时候都容易被下级管理人员的多数意见所左右，特别是当决策涉及事项需要很多经验和技巧的情况下，下级管理者往往比高层管理者有更大的发言权。因为他们在一线打拼，有许多经验和技巧，是高层管理者所不具备的。首饰促销，这本是经营经理们的专长，一般来说，总经理也应以他们的意见为主。方明成功的最重要之处就在于，没有被大众的意见所左右，而是独辟蹊径进行创新性思考。

其次，方明抓住了产品销售的本质——卖点，进行创新性思考，创造出了新的卖点。虽然产品款式没有卖点，但黄金珠宝本身在人们心目中是有价值的。从“价值”上做文章，让老百姓觉得特别的“值”，这样，产品过时、款式老气的毛病就有可能被大家所忽略，从而创造出新的卖点。

最后，方明充分发挥了自己“会算”的长处，找到了让老百姓觉得特别“值”的方法。方明通过用数据说话，发现了当下产品营销体系的巨大缺点：中介环节收费加成太高。进而有针对性地开展工作，成功降低了各环节的加成收费比例，将产品标价大幅降低，给消费者以巨大的心理冲击，从而保证了促销活动的成功。

为经验所困，为多数意见所左右，是决策的常见囚笼。特别是当决策事项需要很多经验和技巧的情况下，决策者往往容易被“惯例”、“经验”和“权威”所左右。如何打破这决策的囚笼，在此我们总结出以下 3 点。

1. 算而后定，谋而后动。在企业经营决策中，对于没有算清楚、没有想明白的事情，不要轻易人云亦云，一定要有创新性思考的意识。

2. 以问题为导向进行思考，是重要的创新性思考方法。本案例的主要问题是：按正常的首饰销售逻辑，这些产品没有卖点。创新性的思考的基本方法之一，就是针对这个问题，以问题为导向，看看能否打破“正常的产品销售逻辑”——以新颖时尚的款式为卖点，而创造出新的卖点。本案例中，方明利用了“黄金珠宝本身在人们心目中是有价值的”这一逻辑，从“价值”上做文章，成功地创造出了“特别的值”这一新的卖点。

3. 一定要“算”，让数据说话。即使有创新性的思考方法，如果没有数据决策的功底，也一样找不到打开成功之门的金钥匙。本案例方明正是通过对经营各环节成本的认真计算，发现了当下产品营销体系的巨大缺点，从而找到了促销的方法。

本次成功促销的经济学原理，同时下小米的低价竞销策略，实则是异曲同工。我国产品营销体系巨大的问题就在于，各个经营环节毛利率普遍偏高，造成产品销售价格远远高于出厂价格。这实际上也是我国消费者总是发现，同样的产品国外的售价往往低于国内售价的根本原因。

雷军先生正是抓住了我国传统产品营销体系中的这一巨大问题，利用移动互联网工具，经营脱媒，创造了小米低价竞销体系，从而使小米产品脱颖而出！

而且雷军先生还在这些基础之上，利用移动互联网平台，打造出小米生态圈，进一步将小米竞销体系发扬光大。传统的手机厂商，由于已经形成了对传统多级营销网络的依赖，不敢冒险废除传统营销网络而去模仿小米，导致其必然面临成本劣势。新进入者可以模仿小米，但又没有小米的庞大生态圈，很难发展壮大。从竞争态势上看，小米理论上已立于不败之地，而传统厂商只能处于被动防守的境地。未来的成败，关键看雷军先生能否组织起更有效的进攻了。

且看方明又将面临什么新问题。

第七章

线性规划，智解排产难题

——拉菲公司排产难题解析

方明见市场部两个业务经理许一、张任与首饰车间主任章飞正吵得不可开交，立即将他们叫到了办公室。原来，他们是因为车间排产问题吵起来了。自方明任总经理3个月后，拉菲公司的业务应接不暇，车间开足两班生产，周六周日连续加班还是应付不过来，生产能力成为瓶颈。各个市场经理为了催自己的货，争取自己需要的产品早拿到手、早交货，频繁同车间主任争吵。

许一向商场铺货锗银手镯300件，很快被抢购一空，要求增产1 500件。张任向客户推出一款创新银镀金腰牌300件，市场反响不错，要求增订3 000件。由于生产能力有限，这二位正在同章飞争吵，要求先安排自己的活儿。

许一说："一件锗银手镯能赚30元，而一个腰牌只能赚20元，应该先安排赚钱的产品。"张任说："虽然我一件产品只能赚20元，但我总量大，3 000件一共能赚6万元，而1 500件锗银手镯只能赚4.5万元，应该安排总量最赚钱的。"二人争执不下，车间主任章飞也犯难了。章飞说："由于近期生产量比较饱和，各种常规产品正常排产后，目前冶炼、拉丝和镀金3个工序，所剩生产能力有限，不能满足这两种产品的生产需要。"章飞列了一张表，两种产品每单位批量百件所需3个工序的工时数如表7－1所示。

表 7－1　两种产品单位批量百件所需 3 个工序的工时数　（单位：百件/小时）

工序	手镯	腰牌
冶炼	4	2
拉丝	3	1
镀金	1	4

章飞继续算账：目前冶炼、拉丝和镀金 3 个工序，分别剩余的产能是 80 工时、51 工时和 80 工时。如果将 1 500 件手镯、3 000 件腰牌全部排产，如表 7－2 所示，则 3 个工序各需要工时 100、60 和 130 小时，因此不可能全部安排生产。

表 7－2　两种产品 3 个工序所需工时数　（单位：小时）

工序	手镯	腰牌	所需总工时	剩余工时
冶炼	60	60	120	80
拉丝	45	30	75	51
镀金	15	120	135	100

章飞解释，如果先安排 3 000 件腰牌生产，镀金工序就需要工时 120 个，而目前产能仅剩余 100 个工时，因此生产不出来。所以本打算先安排 1 500 件手镯生产，剩余产能再安排腰牌生产，可张任不同意。后来章飞提出先各安排一半产量，剩下的等过几天再试着排产，但这两个人都不干，都要求把自己的产品先排满了。

方明一听原来是这么个情况，一下乐了。作为清华经管学院的优秀学生，他立即意识到，这是运筹学中的线性规划问题。在大学本科时，他整整学了两年的运筹学，这回总算派上用场了！

方明立即给 3 个人讲解起来。他告诉大家，运筹学中有一种专门分析处理类似的机器排产问题的方法，叫线性规划。

多生产我的最合算

首先，由于各工序产能不够，因此，不能将所有产品都排产。哪个产品排产多少，必须依据一个原则，这就是公司总的利润最大化原则。对于这个原则，大家都表示赞同。为了方便大家理解，方明假设，$Q_{镯}$、$Q_{牌}$分别代表投产的手镯和腰牌的百件批量，设公司获取利润为 F。则：

$$F = f(S)$$

为此，排产的目标是要实现总利润 F 最大化。

其次，排产必须满足产能限制条件。目前冶炼、拉丝和镀金 3 个工序，分别剩余产能 80 工时、51 工时和 80 工时。因此各工序排产所需工时，必须小于等于这 3 个数。用公式表述为：

$$\text{冶炼工序：} 4Q_{镯} + 2Q_{牌} \leqslant 80$$

$$\text{拉丝工序：} 3Q_{镯} + Q_{牌} \leqslant 51$$

$$\text{镀金工序：} Q_{镯} + 4Q_{牌} \leqslant 80$$

$$Q_{镯}、Q_{牌} \geqslant 0$$

这构成了一个标准的线性规划模型。

最后，关于这个线性规划模型的求解方法，有许多现成的计算机软件可资应用，上机一算就出来了，很方便。但方明手边没有这个软件，只能用简易算法自己求解。

方明看大家对简易求解法比较感兴趣，又接着给大家讲解起来。

一种方法是图解法。方明将 3 个约束方程在图 7 - 1 中画了出来。

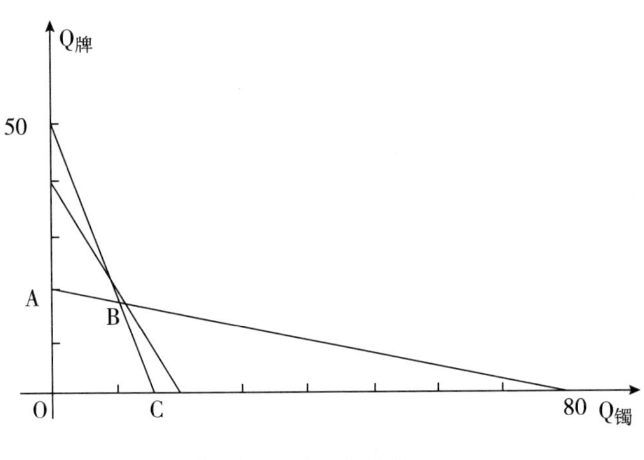

图 7 - 1　图解法示意一

由图 7 - 1 可知，可能的排产计划，只能在 OABC 包围的区域，这个区域又叫可行区域。

根据总利润曲线：

$$F = 3Q_{镯} + 2Q_{牌}$$

设 F 为 3 万元，可画出一条利润为 3 万元的等利润曲线，如图 7 - 2所示的短虚线。进一步往外推等利润线，如图 7 - 2 所示的长虚线为 6 万元等利润线。

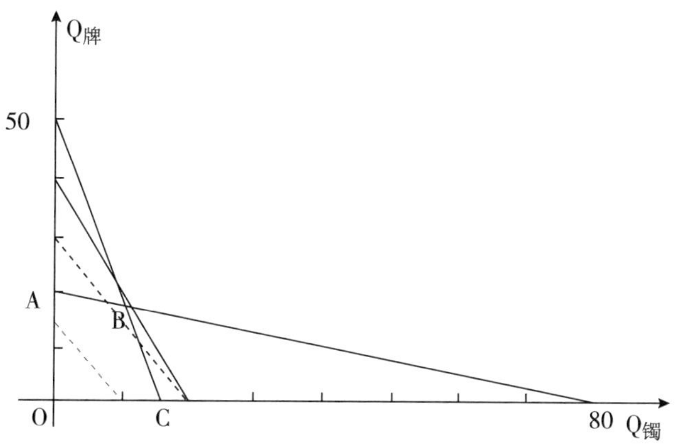

图 7-2　图解法示意二

由此，再外推到 B 点，将得到最大的利润点。

B 点上，$Q_{镯}$ 约为 11，$Q_{牌}$ 约为 17，总利润 F 为 6.7 万元。即最佳排产方案是手镯投产 1 100 件，腰牌投产 1 700 件，此时可产生总利润 6.7 万元。

另外一种简易算法是解析法。通过上面的图解法，我们可以知道，利润最大的解一定发生在可行区域 OABC 的一个偶角上。即最优解只能发生在 A、B 及 C 点这 3 个偶角中的一个上。只需具有中学解方程的知识，即可求解出 A、B、C 这 3 点的产量组合，再将这 3 点分别求出其对应的总利润 F，选取最大 F 点，就是最优解。如本例中计算 B 点。

联列两个方程：

$$\text{拉丝工序边界方程：} 3Q_{镯} + Q_{牌} = 51$$

$$\text{镀金工序边界方程：} Q_{镯} + 4Q_{牌} = 80$$

求解得 B 点：

$$Q_{镯} = 11.27; \quad Q_{牌} = 17.18$$

由于生产安排每一批量为100件，所以去掉小数位，最佳答案为手镯1 100件和腰牌1 700件，总利润6.7万元。

方明讲解完毕，大家兴奋不已，却又将信将疑，开始将章飞的方案同方明利用线性规划得出的方案进行对比验算起来。

按章飞的方案，先安排手镯1 500件，则如表7－3所示，冶炼工序剩余20小时产能、拉丝工序剩余6小时产能、镀金工序剩余85小时产能，可用于生产腰牌。则3个工序分别可安排1 000件、600件和2 100件腰牌生产。根据木桶效应，最多还可排产600件腰牌生产。这样，1 500件手镯产生利润4.5万元，600件腰牌产生利润1.2万元，总利润为5.7万元。

表7－3　先安排生产手镯1 500件，各工序工时数分配情况

工序	手镯需工时（小时）	总工时（小时）	腰牌可用工时（小时）	可生产腰牌量（件）
冶炼	60	80	20	1 000
拉丝	45	51	6	600
镀金	15	100	85	2 100

章飞的方案获得的总利润比方明利用线性规划得出的方案获得的总利润整整少了1万元！大家开始真正相信科学决策的力量了。

因为业绩漂亮，更因为党和政府大力提倡培养扶持青年干部，2000年9月，方明被提升为集团公司副总经理，主管财务和投资。但是，更大的挑战正等着他呢！

决策点评

方明能成功化解排产问题，关键在于方明熟悉运筹学的相关知识。首先，方明能立即意识到，这个产品排产问题，可利用运筹学相关知识进行解决。其次，方明能很快将这个排产问题转化为线性规划模型，从而使问题得以最佳方案解决，并产生良好的经济效益。

运筹学是利用现代科学技术知识和数学方法，为决策者在实际工作中解决某些专门问题，提供最优决策依据，已成为一门重要的决策科学，但是为什么在我们企业的日常经营管理中，应用得并不广泛呢?

首先，不少高层管理者可能没有学过运筹学，因为不了解而不能用。

其次，许多管理者可能学过运筹学，但没有学以致用。随着近年来 MBA 课程的普及，许多经营管理人员都会接触到运筹学课程。但不少人仅是将它作为一门“课程”来学习，而且还是较难的一门课程。由于运筹学求解方法过于深奥、烦琐，并需要大量的运算，在校学习时，重点仅在于如何正确地求解模型，最后考试合格，至于如何在实践中应用，则被忽视了。

本案例从科学决策角度给我们的经营管理者提供了有益的启示。

1. 运筹学是现代经营管理决策的重要工具。企业总是在资源有限的条件下开展经营活动，如何实现有限资源的合理配置，实现企业经济，是企业经营管理者的重要任务。运筹学是研究经济管理系统中人、财、物等资源统筹安排的最优方案，因而是实现企业经济的重要工具，是实现决策数据化的重要方法学。

2. 经营管理者掌握运筹学知识非常重要。运筹学将经营管理实践中的问题进行归类，并针对不同类的特定问题，进行合理的数理抽象，形成数学模型，进而提供该类问题的专门的数理解决方法。如果我们熟悉运筹学相关原理和方法，遇到相关类型的问题时，就能将其应用到实践中去，实现决策科学化。

3. 在运筹学的学习中，重在学习了解各种运筹学方法解决什么类型的实际问题，而不是具体的求解算法。随着计算机技术的发展，运筹学问题的求解早已摆脱了人工计算，实现了软件化。我们在学习中最重要的是要了解每个运筹学方法所针对解决的实际问题是什么，以及如何将这些问题进行合理的数据抽象，构建成相关类型的数学模型。

4. 本案例涉及的决策问题，实际上是我们经营管理中经常会遇到的问题：有限资源约束下的最优化问题。这类问题正是运筹学的一个重要分支——数学规划的任务。一般来说，遇到此类问题，首先要将其抽象出一个目标函数，如本案例的 F 公式；其次，要将资源约束条件，形成相应的约束方程或不等式，如本案例的几个不等式。这两部分，就构造出了数学规划的模型。

让我们继续往下看，方明又遇到什么更大的挑战了。

第八章

破产在即，巧行重组解围

——宏华公司重组脱困谋划

话说方明荣升集团副总经理，还没有高兴几天，难题就来了！

2001年4月，集团董事长兼总经理宫总突然找方明，告诉方明宏华服装公司快不行了，让他赶快去接替集团另一位老资历的副总经理，出任南新宏华服装公司副董事长。

方明立即着手了解宏华服装公司的有关情况。

南新宏华服装有限公司为南新工美集团同美国合资的服装公司，由外方美籍华人宏健先生控股70%，中方占股30%。董事长由宏健先生出任，也是企业的实际控制人，工美集团一位老资历的副总经理兼任副董事长，聘请职业经理人申同出任总经理，负责生产经营。企业主要产品为纯羊毛内衣，经营效益一直不错。按过去的惯例，一般效益不错的企业，集团都会有领导兼职董事长或副董事长，工美集团还曾派出资产管理部部长王鑫和财务部部长赵和出任董事。

4年前，宏健利用宏华服装公司向工商银行贷款1 600万元，并转到海南炒房地产，却被套牢，利息一直由宏健自己支付。2000年，由于宏健实在无法支付银行利息，宏华公司被银行诉至法院。2001年3月，法院将宏华服装公司的银行账户查封，公司所有现金被法院没收执行判决。只要公司经营一回款，立即会被法院转走。宏华服装公司的经营资金无以为继，已被迫关闭工厂，231位职工放假回家。公司已到破产边沿，情况万分危急！

方明立即约见集团公司派出董事王鑫、赵和，商量对策。

王鑫说："要想使宏华服装公司恢复经营，必须先归还欠银行本息合计2 200万元。宏健个人的财产和银行账号已被查封执行，他本人是无力还款了，希望工美集团能筹钱帮助他还款。工美集团的主要领导经研究已经明确指出不能借款给宏华公司。不说集团公司拿不出 2 200 万元来还款，即使拿得出钱来，这个公司的大股东是宏健，而且这个负债理论上说应是宏健违反合资协议，挪用公司资金无法归还，将公司引入绝境，集团公司也没有义务归还此款。并且，集团公司如果借钱给宏健，他也拿不出任何担保物，保证以后能归还此款项。”方明问王鑫还有没有其他办法救公司，王鑫说：“这一段时间都睡不着觉，也没想出招儿来，看来只能破产了！”说到这里，王鑫很气愤，提出追究宏健的刑事责任。

赵和说：“按我国的劳动用工政策，中外合资企业，即使外方是大股东，一旦企业破产，中方对劳动人员安置要承担无限连带责任。如果合资企业无钱安置员工，中方必须承担员工安置义务。231 人，按当时的政策 5 万元一人算，至少得 1 155 万元呢。”

赵和又拿出宏华服装公司的财务报表开始分析起来。

他说，从报表看，宏华服装公司近 3 年经营状况平稳，成长性不高。一年销售收入 2 000 多万元，每年增长不大，约 10% 左右。每年实现净利润 200 多万元，年增长幅度为 5% ~10% 。

从资产负债表看，公司资产状况较差，资产负债率近 84% 。宏健欠公司的款，包括本金和利息，主要体现在其他应收款 2 300 万元，这块肯定收不回来了，是坏账。如果资产方扣除这 2 300 万元，账面资产仅剩下 1 740 万元，根本不足以抵偿公司全部的银行借款 2 200万元。公司事实上已经严重资不抵债，资产负债率高达 194% ! 由此看来，公司只能破产，别无他途。公司资产负债情况如表 8 – 1 所示。

表 8－1　宏华公司资产负债简况　（单位：万元）

项目	期末余额	年初余额	项目	期末余额	年初余额
流动资产：	3 560	3 436	流动负债：	3 380	3 298
货币资金	1	31	短期借款	2 200	2 200
应收账款	350	561	应付账款	428	378
预付款项	126	18	应付职工薪酬	32	0
其他应收款	2 300	2 300	应付利息	600	600
存货	783	526	应付股利	120	120
固定资产净值：	480	482	非流动负债：	0	0
固定资产原价	535	535	负债合计：	3 380	3 298
减：累计折旧	55	53	所有者权益：	660	620
			实收资本	300	300
			盈余公积	90	90
			未分配利润	270	230
资产总计：	4 040	3 918	负债和所有者权益总计：	4 040	3 918

赵和继续分析，如果将宏华公司破产，根据我国相关政策，清算资产应首先用于职工安置费用，然后才用于清偿公司各种债务。现在的关键就看账面这剩下的 1 740 万元资产能否变现出 1 155 万元，用于职工安置。这相当于账面资产打六六折变现，还是有一定希望的。

通过以上讨论分析，看起来方明无路可走，只能让宏华公司破产了！问题的关键在于能否将公司的有效资产变现出 1 155 万元，以确保职工安置顺利进行。

方明立即让王鑫约宏华公司总经理申同及其他高管人员第二天到宏华公司调研。

第二天一早，方明带着王鑫、赵和，到位于南新市东南郊的宏华公司进行调研，先在宏华公司各位高管的陪同下参观工厂。

方明提出先参观生产车间，他心里还一直盘算着能否将那账面的 480 万元的固定资产净值变现一些资金回来。

整个公司的用房都是租用的，租金一年 120 万元，每半年一付。马上就应付上半年的租金 60 万元了。车间已经停产了，工人都放假了，车间里就是一些普通的横编机和圆编机，没有什么值钱的高精尖设备。申同介绍，合资企业成立时，宏健以这些设备作价出资。这些设备基本都是国外的二手货，生产状态还算完好，就是自动化程度不高，是被国外厂家技术更新淘汰下来的。这些设备，同国内许多新建的厂家比都是落后的，要再卖出去，卖个 50 万元都不容易，还不够抵半年的房租呢。方明的心一下凉了半截。

参观途中，方明继续询问经营状况。

账上有应收账款 350 多万元，这一般还对应着给商场的许多应付账款。真能收回来的钱，估计在 250 万元左右。目前商场销售没有停，4 月还能销售 180 万元，大概还能回 150 多万元。加起来一共是 400 万元现金，这是公司未来仅有的现金了！众人好像又看到点希望。

账上存货 780 万元，主要是成衣约 400 万元，还有 350 万元左右的纯羊毛原材料，正在委外加工。天气逐渐变热了，销售季马上就过去了，这 400 多万元的成衣，分布在全市 66 个商场网点，基本上都是各网点铺底的货。由于公司生产能力不足，大约一半的生产靠委外加工，按理 4 月应该给各营销网点补一批新货，委外加工的那 350 万元原材料早生产为成衣了，可由于公司没有钱，付不出 300 多万元的委托加工费，就是取不回来，因此一直没有补货。4 月后，预计成衣存货就剩下200万元左右了，还都是卖剩下的铺底货。要处理这些存货，赶上热天非销售季，加上撤回网点的损耗、促销费用，能收回30万~40万元就是好的了。

如果破产，那350万元的原材料看来只能被外加工厂扣着，顶加工费了，一分钱都收不回来了。这780多万元的账面存货，最后竟然仅能收回不到40万元，看来，这财务报表上的数据是多么不可靠啊！

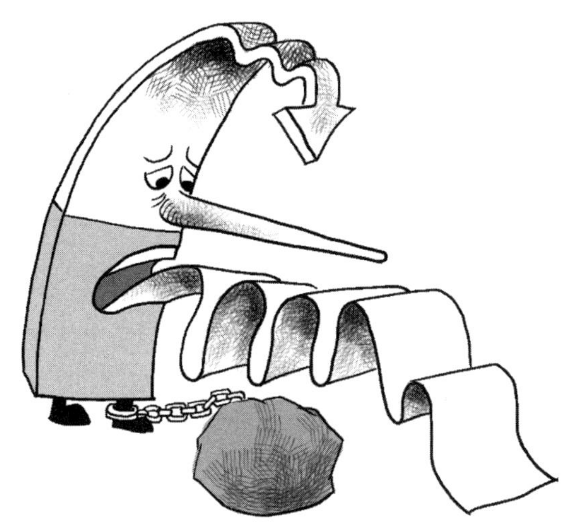

财务报表上的数据是多么不可靠

走到打样中心，这里还有一两个技术人员在干活。公司设计总监肖莉是一位时尚的美丽女士，立即走上前来介绍道："公司产品在市场上的销售一直稳定增长，在南新市民中深得好评，主要有两点原因。首先是我们产品品质好。羊毛本来不适合做内衣，因为扎人。市面上许多羊毛内衣采用羊毛化学柔化处理，刚穿起来感觉还不错，但洗过几次后，舒适性明显下降。而我们一直坚持选用细度近乎羊绒的高品质羊毛，保证了产品的舒适性和保暖性。因此，我们的产品虽然长期没做广告，却一直保持着稳定的顾客群。其次，我们的版型好。近年来，设计打样中心在我本人的带领下，积累了丰富的羊毛内衣设计经验，设计的版型很受北方顾客的青睐。”设计版型有特色、产品品质过硬、有忠实的顾客群，肖莉的介绍，给方明留下了很深的印象。

参观完毕后，方明开始听取申同等宏华公司高管人员进一步介绍情况。

申同进一步介绍了公司的经营情况。通过这几年的经营，“瑷玛”品牌得到了市场的认可，目前在南新市及周边地区已发展起来66个营销网点。由于缺钱，公司没有做过广告，主要靠网点宣传和回头客。公司被法院查封银行账户的消息没有对外公布，营销人员还算稳定，各营销网点还在正常售货。方明立即如获至宝：只要品牌在、营销网点和营销团队在，公司经营就能正常开展！

申同进一步强调，目前公司已到了山穷水尽的境地，是破产还是继续经营，必须要股东们尽早决断，否则越往后拖损失越大。如果要破产，就要开始准备逐步遣散工人，目前的放假是暂时的，也得给工人支付基本工资，拖一天就得给工人多发一天工资。而且，公司的各种存货得趁天未热时赶紧清仓促销，否则拖到天热，存货就将一文不值了。反正就是一句话，赶快拿主意，做决断！方明对申同的高度负责任的职业精神很是赞赏。

申同说：“宏健先生自出事后，就基本不来公司了。向他请示下一步怎么办，也没有明确答复，总是支支吾吾的。他的基本态度是，破产，无法下决心，舍不得；不破产，又没有解决问题的办法和资金。他有点回避问题，破罐子破摔，听天由命，耗一天是一天，走到哪儿算哪儿的态度。”指望宏健拿出明确的决策意见，看来有难度。所以，还得请方明尽快拿出意见，然后去说服宏健。

看来情况紧急，确实拖不起，必须立即决断！方明此时心里已经有了新的想法。他急着回去同集团公司同事们统一思想，等不到与宏华的高管们一起吃午餐了，立即驱车回总部。

回到总部，方明马上与王鑫和赵和开始商量起对策来。

首先，破产方案看来不可行。

一是破不起。目前来看，账面资产扣除其他应收款项剩下的1 740万元资产，根本变现不出1 000万元来。应收账款350万元，大约收回250万元。产成品400万元，4月销售收回现金约150万元，剩下处理存货能拿回40万元。原材料350万元，看来只能抵外欠加工费了，一分钱也拿不回来。固定资产净值480万元，有可能变现50万元，还不够付半年的房租，看来也拿不回钱。这样，账面资产预计总共能回款440万元左右。考虑到发放拖欠的工资等各项花销，能用于破产的资金不会超过350万元，资金缺口800多万元。

二是破产不符合宏健的利益，宏健不会为清退职工承担责任。如果破产，各种资产清算后的资金优先用于补偿职工，宏健一分钱都拿不到。公司一破产，宏健就什么都没有了，讲故事的可能都没有了；不破产，还留着讲故事的题材，宏健就还留着希望。而且，如果不破产，宏华公司一有点儿钱，就会被法院拿走用于还债，还能多少减轻宏健的赔付压力。为此，宏健选择不决策、不作为，是符合他的利益取向的，因为即使耗到最后，一分钱都收不回来了，清退职工的责任，还有中方承担着，他完全可以一走了之。更何况宏健是第一大股东、实际控制人、公司法人代表，他要不主动配合，这破产几乎没法进行。

其次，公司的核心价值根本不在这些机器设备、各种存货等有形资产上，而是在以下四个方面的无形资产上：一是公司的品牌“瑷玛”；二是公司的营销网络，即66个营销网点和营销团队；三是公司的设计打样团队；四是以申同为首的经营管理团队。为此，不能老盯着那些有形的“死资产”，而应充分利用和发挥这些无形的“活资产”。有形资产的价值不足以解决实际问题，必须要设法盘活无形资产，才能解决问题。只有能将这些无形资产盘活了的方案，才是解决问题的好方案！

充分发掘企业的核心价值是关键

在以上观点得到同事们的认同后，方明开始抛出自己的方案了：对宏华公司进行重组。

新成立南新瑷玛制衣有限公司，将宏华公司的核心资产装入瑷玛制衣公司。具体来说，将以申同为首的经营团队和以肖莉为首的设计打样团队聘用到瑷玛制衣公司，并由瑷玛制衣公司接管那66个营销网点。这些资产因为不在账，所以银行无法追责。同时，由宏华公司按正常评估出售程序，将“瑷玛”品牌的永久使用权有偿转让给瑷玛制衣公司，所得的这笔钱正好用来清欠职工的工资。这样，只需以新的瑷玛制衣公司的名义重新与各大商场签订进场协定，理由就是公司为了发展，将生产与经营分立开来。对广大消费者来说，根本看不出任何变化。新成立的瑷玛制衣公司只要能简单维持往年的经营规模，就能每年赚回 200 多万元的净利润。

宏华公司则转变为纯生产加工型企业，作为瑷玛制衣公司的代工厂。为了防止银行将宏华公司的资金划走，瑷玛制衣公司将订单和采购好的原材料交给宏华公司，由宏华公司组织代工生产，瑷玛制衣公司付加工费。加工费要确保宏华公司支付各项成本费用后产生微利，这样宏华公司可以正常生产，职工不用回家。同时，宏华公司的微利既能替宏健继续抵银行的债，又能替银行继续维持未来收回欠款的希望。所以，宏华公司稳定下来，符合各方的利益。

现在问题的关键就在于新公司的股权结构怎么设计，既要有利于宏健的配合，又要有利于调动以申同为首的团队的积极性，还得有利于工美集团持多数股权而进行实际控制。

为此方明提出，南新瑷玛制衣有限公司由工美集团出资持股 55%，团队出资持股 25%，宏健出资持股 20%。具体到团队内部，由申同总经理出资 12%，经营副总和设计总监各出资 5%，财务总监出资 3%。所有出资都要求是现金。董事长由中方委派，宏健为副董事长，经营管理团队不变。宏华公司则委托瑷玛制衣公司代管。考虑到初期公司经营的资金需求，注册资本建议为 400 万元。而且方明强调，这个方案实行的前提是经营团队必须以现金出资。因为未来公司的核心资产主要是无形资产，这个公司的核心价值实际上都落脚在以申同为首的经营团队身上，如果不把经营团队的利益同未来公司的利益绑在一起，股东投入的钱就没有保障。

方案商定了，方明立即向宫总汇报。宫总认为这是个没有办法的办法，但觉得400万元注册资金太多，不愿投。实际上他心里还是对这个经营团队不放心，毕竟他们刚在宏健的领导下，使公司陷入了绝境。

大方案一得到宫总的认同，方明立马约见决定该方案成败的关键人物申同进行沟通。

申同一进方明的办公室，同方明打过招呼后，就默默地坐在那里，情绪低落。他还以为方明是找他来宣布破产决定呢。他一直觉得，宏华公司没有救了，但又不甘心，因为这个公司可以说是他从初创开始一手干起来的，这阵子破产的悲凉前景一直折磨着他，但他又苦于无良策来破解困局。

方明简单介绍了一下重组方案：成立南新瑷玛制衣有限公司，将宏华公司的品牌、营销网络等核心资产装入瑷玛制衣公司，宏华公司则转变为纯生产加工型企业，作为瑷玛制衣公司的代工厂而保留下来。

一听到这么巧妙的重组方案，申同立即激动起来，这一下子让他看到了希望!

方明又进一步给他讲解，未来新成立的瑷玛制衣公司，采用混合所有制经营，团队必须以现金入股。申同没有想到还有这种好事，但他并没有立即表示赞同，而是转而表态：集团公司领导不用担心团队工作的积极性，不入股我们也会卖力干。当方明再三明确表示团队入股是集团公司进行重组成立新公司的前提时，申同表示完全接受，对方明提出的具体股权结构的设想，也表示完全同意。申同还表示，其他高管人员现金入股也没有问题，由他去做工作。但他提出，注册资金不能太多，因为他和其他高管人员没有这么多钱。

方明让他拿个意见，既不能太多，又要满足公司的基本运作。最后经方明与申同仔细盘算，认为200万元的注册资金既能满足公司基本运作的最低限度，也符合个人股东的承受能力。并且，200万元的注册资金也符合宫总的意图。重组方案已然成熟，方明开始约宏健进行正式沟通谈判。

宏健这阵子一直拖着不表态，其实是有自己高深的盘算。精明的宏健比谁都明白，宏华公司多拖一天，工美可能的损失就会大一些，因而最拖不起的是工美集团。因为宏健清楚地知道，中外合资企业一旦破产，中方股东对劳动人员的安置承担无限连带责任。如果合资企业无钱安置员工，中方必须承担员工安置义务。200多人，按当时的人员安置政策，少说得花1 000多万元。破产，宏华公司的清盘资产全部用于人员安置费用都不够，更不可能有钱归还他所欠银行的债，对宏健本人是没有一点好处的。而早一天破产，公司清算所得会越多，工美集团的损失会越小，因此工美会急于破产。宏健想通过拖，逼工美答应先借钱给他，以渡过难关。宏健的盘算是，如果这么拖下去，到宏华破产时，可能清不回多少钱，工美集团的损失就会很大，可能多达1 000多万元，令工美集团承受不起。到那时，宏健再向工美抛出他的方案：由工美借2 000万元给他还债，他拿宏华公司10～15年的收益分红作为回报和抵押，金额上可以给工美多一些，因为宏华公司每年能比较稳定地赚回200万～300万元现金。这样，工美可以不必损失1 000多万元，借出的2 000万元又有实实在在的公司收益权作抵押，还有可能多收回钱，赚一笔，所以从利益权衡上，对工美有利。

两人见面寒暄过后，方明指出，由于宏健个人的不当行为，造成了宏华公司目前进入了山穷水尽的绝境，已经不能再耗了，必须马上决断，要求宏健立即拿出可行的方案。

宏健则一直装着情绪不高，做出一副破罐子破摔的样子说，自己现在没有钱还债，又说他在海外还有房产，正在出售中，由于房产出售不能急，否则价格损失太大，所以希望工美集团能出钱先帮助宏华公司还银行的钱，并再三表示他一直在努力还钱，已没有其他办法了。

方明也一再表示，工美集团作为国有企业，不可能拿钱出来替私人还债。他并不急于抛出自己的方案，双方又打了一阵子拉锯战。

宏健觉得时机不成熟，因为工美的损失还不够大，还无法逼工美走上他所设想的路，所以没法抛出他的方案。但方明深知拖对于工美来说损失会越来越大，而对宏健来说，不会扩大他的损失，因为他已经没有什么可损失的了，所以时间对工美不利。

经过一阵子铺垫，方明提出："既然宏健先生拿不出解决问题的办法，那我们提一个建议方案。"方明将宏华公司重组成立瑷玛制衣公司的方案抛了出来，重点讲解了宏华公司破不起产，而重组方案能解决宏华公司不破产的问题。还阐述了为了防止银行将宏华公司的资金划走，瑷玛制衣公司将订单和采购好的原材料交给宏华公司组织代工生产，瑷玛制衣公司付加工费，加工费确保宏华公司支付各项成本费用后产生微利。这样宏华公司可以正常生产，职工不用回家，同时宏华公司还有微利，既能替宏健继续抵银行的债，又能替银行继续维持未来收回欠款的希望。宏健开始还装着无所谓的样子，渐渐地，两眼有了光芒，人也精神起来，认真听着方明的讲解。

当方明讲到新成立的瑷玛制衣公司注册资金 200 万元，由工美集团出资持股 55%，团队出资 25%，宏健出资 20%，且都为现金出资时，宏健立即表示反对："你们明知我现在没有钱，这不是成心要将我赶出这公司吗?" 方明早有准备，提出宏健的这 20% 的股份，先由工美集团代为出资持有，并且承诺 3 年内，宏健只要有钱，可随时按当时账面净资产买走这些股份。

宏健一时没了反对的理由，但是很不甘心，继续愤怒地说："你们这是趁火打劫啊!"

方明立即对宏健的话进行驳斥："我们到现在都没有提出要追究您的责任，已经是仁至义尽了。您私自借公司名义向银行贷款，并把钱挪走私用，这是对公司财产的侵犯。而银行强行划走的钱，还有我们一份。一直以来，我们既没有提过追究您的刑事责任，也没有提出追究您的经济责任。您拿不出解决问题的办法，我们却负责任地千方百计想出办法来解决问题，您还说我们趁火打劫，这合理吗?"

方明义正词严，宏健一时无语了。他早听说方明是个书生，见面时一看又客客气气，说话温文尔雅，似乎印证了书生的传言，因而直觉上认为方明好对付，放松了警惕。他认为，工美除了破产，就不可能有更好的方案了，而他只要拖下去就成功了。当他听到方明的重组方案时，发现这方案简直是完美的，既解决了宏华公司的生存问题，又解决了他自己和银行维持宏华公司的存在以抵债的需要，而且还通过股权安排，巧妙地把宏华公司的高管们拉向工美。他一时找不到否定的理由，唯一能说的，就是自己没有钱在新公司入股，还被方明轻描淡写地化于无形。宏健一时慌了神儿，情急之下，犯了合作谈判中的大忌，指责对方是趁火打劫。可宏健万万没想到，这书生突然一反常态，厉害起来，得理不让人。宏健则一下子理屈词穷，无比被动。最后连他自己都觉得再拖下去，就没法做人了，不能不赞成方明的方案了。

最终，宏健无条件地完全同意方明的重组方案，只是在离开时，嘴里还不停地小声嘟囔着："趁火打劫！趁火打劫啊！"

重组方案立即得到了高效执行。新公司注册资金 200 万元，当年实现净利润 203 万元，各位股东当年即收回了投资！

方明成功地化解了宏华公司的破产危机，还为工美集团带来了巨大的经济利益，心里很是得意，心想：这回工美的人应该承认我的本事了吧。没想到，许多人还是不服，他们认为，这回是碰巧了，让方明耍小聪明过了关。他们只肯承认方明有些小聪明，而作为年轻干部，后面有更严峻的考验等着他呢。

决策点评

本案例中，在解决宏华公司危机时，实际上出现了三个方案。第一个方案，就是大多数人认为的唯一的方案：破产。如果按这个方案执行，工美集团至少会损失 800 万元，而且宏健的债也没有了承担主体，银行会直接损失 2 000 多万元。这个方案对宏健最为不利。第二个方案，是宏健盘算的方案。由工美借款2 000多万元替宏健还债，宏健欠银行的债没有了，改为宏健欠工美的。这个方案对宏健最为有利，而工美看似有宏健持有的宏华公司股份对应的未来收益作为还款保证，但风险巨大。一是工美不只是要借出还债的 2 000 多万元，还需要要向宏华公司注入流动资金，否则宏华公司就不能正常运营。二是宏华公司 5 年后能否继续健康运营，存在不确定性，工美的借款能否收回，也存在巨大的不确定性。第三个方案，即方明的方案，对工美最为有利。工美通过110万元的投入，将宏华公司的核心资产全部拿到手，新成立的公司由工美控股并实际控制，而且一成立就是个赚钱的机器。这个方案对于宏健来说，没有进一步恶化他的状况，而且能很快将宏华公司稳定下来，为他未来处理债务危机留出了空间，虽不是他的最优方案，却是可接受的合情合理的方案。

先将重组方案同破产方案做对比。如果假定瑷玛制衣公司能正常经营10年，每年净利润200万元，10年后既没收益也没费用，进行清算，重组方案使工美每年至少赚回110万元，在宏健没有钱出资购买那20%的股份之前，工美还能每年多赚回40万元。这样，10年分红回来至少1 100万元，且很有可能达到1 500万元。而破产方案则导致工美直接损失800万元。这一赚一赔，两个方案的效益相差至少1 900万元。

再将方明的重组方案同宏健的借钱方案相比较。假定宏华公司的经营效益同瑷玛制衣公司一致，也能正常经营10年，在不考虑2 200万元借款的利息支出时，每年净利润200万元，10年后既没收益也没费用，进行清算。可工美的钱也是从银行贷来的，也需要付利息，必须由宏华公司来负担。正常贷款的年利息率是8%，2 200万元借款的每年利息支出为176万元。为此，宏华公司不可能还像以前一样，每年产生200多万元的净利润。正常情况下，扣除财务费用后，宏华公司每年仅能产生24万元的净利润。宏健抛给工美的方案，实际上是一个大大的陷阱！工美根本不可能通过宏华公司的未来盈利，收回借给宏健的2 200万元。按假定情况计算，工美10年只能收回240万元，还有1 960万元无法收回来！而采用重组方案，工美至少能赚回1 100万元，两相比较，效益相差3 060万元！

方明的重组方案绩效显著，可为什么大家都没有想到呢？从决策的角度分析，关键在于决策者所持的价值理念有重大区别。

多数人主要是从传统财务价值角度分析宏华公司的价值。破产方案支持者采用的是资产基础法，即利用企业的资产负债表来分析企业的价值，将企业账面资产进行一一评估作价，来分析企业的价值。因此，这种方法主要体现企业有形资产的价值，适用于对企业清理停业时的价值判断。而宏健是采用收益法来看待企业的价值，即通过对企业利润表进行分析，对企业未来收益进行预计，利用未来收益来预计企业的价值。这种价值分析方法是将企业作为一个有机整体来看待，进而分析企业价值，主要适用于企业承续状态下的价值判断。

方明则完全跳出了传统财务价值理念，直接分析企业的核心价值，找出企业核心价值元素，从而成功策划了企业的重组方案。

方案制订是决策的第三个重要环节。这个案例，揭示了重组方案制订的重要玄机。

首先，不同的价值理念，决定了不同的重组方案。以资产负债表为主的价值观，注重有形资产的价值，往往产出以有形资产重组为主的重组方案；以利润表为主的价值观，注重企业整体的未来收益带来的价值，往往产出企业整体的兼并收购方案；以企业核心价值为主的价值观，既能看到企业整体的收益价值，更能看到创造这些收益的关键资源，因而能创造出更加灵活、有效的重组方案。

其次，在重组中，对企业核心价值的发掘，是设计高水平重组方案的前提和关键环节。重组就是对原有企业的“扬弃”，一个成功的重组方案的实质，在于对原有企业资源的重新优化配置。发现和正确认识企业的核心价值，进一步发扬、放大这些优势资源的价值，而将其他无效资源进行清理，从而实现资源的最优配置，是提出高水平重组方案的前提。

这个案例，也给了我们两点非常重要的启示。

首先，在决策中，用数据说话显得非常重要。宏健的方案，如果不对其进行认真的计算和分析，大多数人都会上当。事实上，事后方明给许多同事讲，宏健实际上有一个方案，只是没有机会说出来。大家听完后，开始都认为宏健的方案也是一个解决问题的方案，而且觉得如果没有方明的更高明的重组方案，宏健真找机会说出来，工美还不知道会如何应对呢。

其次，在当今这个知识经济时代，传统的财务会计已无法真实准确地反映企业的价值，所以建立管理会计体系就显得非常重要。在知识经济时代，技术资产挑战传统财务会计系统，技术创新已成为经济增长的关键，这加大了企业未来的经营风险。且技术资产多不以有形方式为基础，而主要体现为商誉、品牌、专利、特许权、Know-How（技术诀窍）、专营权、客户网络、营销网络、人力资源、软件等知识资产。传统财务报表无法反映企业的知识资产，因而无法真实反映企业的财务状况、赢利能力和经营风险。为此，知识经济要求财务创新。财务资源概念将进行扩展，知识资源成为企业的核心资源，知识资本成为企业发展的战略资本，成为企业理财的重点。为此，不仅要建立起管理会计系统，以内部预算和规划控制为主的传统管理会计还必须向战略管理会计提升。

且往下看，方明如何化解更大的难题。

第九章
定位之误，深挖亏损根源
——商业大厦市场定位之误

方明刚处理完宏华公司重组案，还没有得意几天，更大的难题就来了：集团最重要的子企业，天街工美大厦扭亏的任务又落到了他的肩上。

一直以来，大家把工美大厦开业巨亏的原因都归集于天街改造。可是到了1999年8月，天街已经改造完成，全新开街，但工美大厦的销售却只有微弱起色，始终没有恢复到过去拆楼前的水平。2000年，工美大厦销售收入仅7 648万元，亏损状况没有改变。又快到2001年7月了，预计2001年上半年销售仅为3 644万元，亏损将达到644万元。巨额亏损造成企业资金入不敷出，到2001年6月底，已拖欠供货商货款1 000万元。工美大厦经营状况可见图9－1。

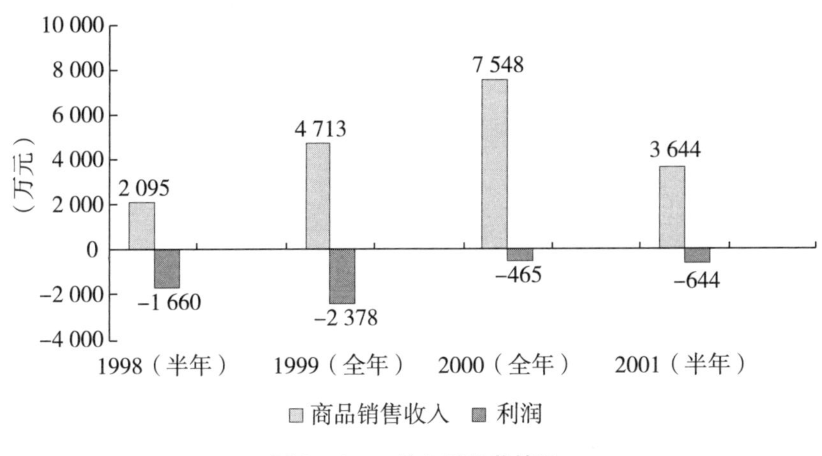

图9－1　工美大厦经营情况

从2000年起，集团总经理宫知深带领工美大厦的领导班子，聘请了好几家咨询公司进行咨询。这些咨询公司一般都由一个知名教授牵头，组成一个豪华的咨询团队，工作流程是广泛地同工美大厦各级经营人员进行单独访谈，填写调查问卷。折腾了两三个月，得出的结论几乎是一致的：大厦亏损的原因是大厦销售的商品不适销对路，销售收入达不到盈亏平衡点。扭亏措施为两点：调整商品结构和加强广告促销。

商场亏损，必然是销售收入不高，达不到盈亏平衡点；而销售不高的原因，肯定是商品不适销对路。这不用调研也能推出来的结论，对企业有什么帮助呢？但商场产品如何不适销对路，具体应该怎么做，却没有一家咨询公司能说清楚。

工美大厦经营中到底有什么问题？工美大厦如何在短期内摆脱经营危机？集团公司领导层和工美大厦领导层之间展开了激烈的争论，但始终是“公说公有理，婆说婆有理”，没有达成一致的认识。

这一拖，拖到了2001年6月底，惨不忍睹的半年经营数据基本出来了，宫总再也沉不住气了。他将方明叫过去，要求限期拿出工美大厦巨亏问题的解决方案。可在这之前，一直没有让方明参与该项目的论证。

方明想：要解决亏损，必须弄清楚亏损的根本原因是什么。

咨询机构提出工美大厦亏损的原因是商品不适销对路，这是一个放之四海而皆准的真理。但商品如何“不适销对路”，咨询机构却拿不出相关的数据化的分析，而只有一些理论化的东西。工美大厦的各级领导无法理解，也不知道怎么才能使商品“适销对路”，自然难以达成共识，咨询机构说了也等于没说。

工美大厦出店天街，商业位置没得挑。据天街办统计，2000年以来，天街日均客流25万人，周末30万人，节日高峰可达90万人，可以说是客流巨大。客流没有问题，那只能是我们的商品不符合顾客需求。

这么大的客流还不赚钱

但我们的商品到底如何不符合顾客需求呢？方明仔细研读了这些咨询报告，发现了一些可用的资料。如天街办发布的2000年天街的顾客构成情况，如图9－2所示。

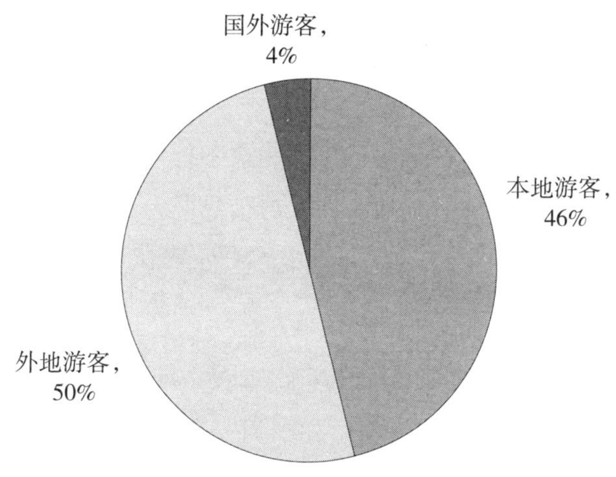

图9－2　2000年天街客流结构

方明想，首先必须将工美大厦的顾客群进行合理分类，然后再分析工美大厦的各顾客群体的销售情况，看看这个销售结构是否同天街的客流结构相匹配。

方明开始调研工美大厦的顾客分类。由于方明曾在工美大厦任过副总，对大厦的很多情况有一定认识，他通过约谈部分楼层经理，很快便将大厦的顾客分为四类。

第一类是国外旅客。工美零售行业经营的产品基本上都是这类顾客的购买对象，当然他们更喜欢购买中国传统工艺美术品和具有旅游地域特色的工艺美术品。第二类是国内旅游者。这类顾客到了北京就希望买一些具有北京特色的产品，会主要购买具有旅游地域特色的工艺美术品。当然，其中的一部分高收入者和高文化水平者，也会购买一部分传统工艺美术品。第三类是国内团体购买者。这类顾客主要包括涉外企事业单位购买的涉外礼品和各个社团活动组织者购买的礼品，绝大多数为驻京单位。第四类是国内个人非旅游购买者。这类顾客绝大多数为本市市民，他们的购买包括生活饰品购买、礼品购买、文化消费和奢侈消费购买等。

但是如何得到这些顾客的消费数据呢？必须开展顾客消费调查。这个调查对别人来说也许会很难。因为这不仅需要知道顾客是哪类顾客，还需要知道顾客的消费金额。只依靠简单地发调查问卷，哪类顾客较易弄清，但消费金额不易准确，调查质量无法保证。因为这有可能涉及隐私，顾客会有所反感。

但这对方明来说则是易如反掌。方明立即想到，商场收银台可以准确掌握每个顾客的消费金额，只是不知道对方是哪类顾客而已。所以可以通过收银员开展调查，既简单还不用增加额外人员和成本。

具体方案为，在顾客通过大厦收银台交款时，可以填一个简单的调查问卷，且配合调查的顾客可获得一个精美的工艺书签。为此，方明设计了仅有两个问题的调查问卷。一是，您是国外游客、国内游客还是本市市民？二是，您购买的目的是旅游纪念品、个人礼品、单位礼品，还是其他？顾客填完问卷后，再由收银员将其消费金额同问卷做关联。

问卷调查进行得很顺利。由于问题简单，还有很吸引人的礼品，顾客在交款时，又处于等待状态，一般也没有事，所以几乎都很配合调查。

通过两个月的消费调查，方明基本获得了工美大厦销售中的顾客构成，如图9－3所示。

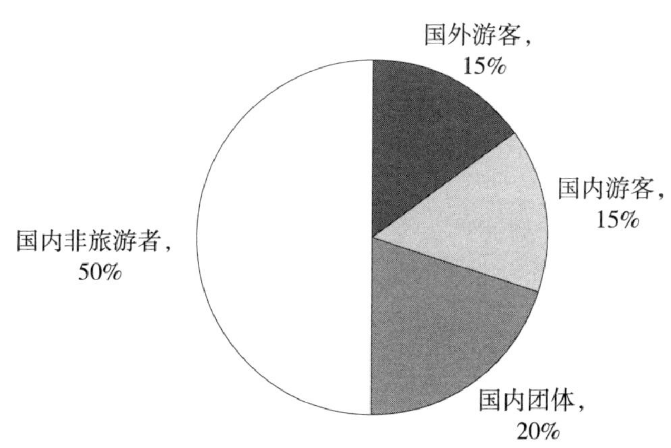

图9－3　工美大厦销售结构

方明将大厦销售结构同天街顾客结构进行比较，一下便发现问题了。工美大厦的销售结构同天街的客流形成了较大错位：一是天街50%的国内游客量，仅在工美大厦形成了15%的销量，说明大厦对这部分顾客需求开发严重不足；二是仅占天街4%客流量的外国游客，却形成了大厦15%的销量，说明大厦过分强调满足这部分顾客的需求。

方明将这一分析结果同大厦经理层、特别是各楼层经理进行沟通后，发现大厦的经理们还沉浸在1995年以前的成功中，对于目前大厦销售不景气，他们总结的理由是“外国旅游客源被分流了”。他们还津津乐道于过去每天10多辆旅游大客车停在商场大门口的盛况，而感叹随着天街的改造，这一切已成过眼云烟。

问题终于找到了！市场定位错误，是工美大厦长期扭亏失败的根本原因。原来，工美大厦的市场定位还停留在旧楼拆除前：以国外游客为主，而国内游客和国内团体顾客仅是辅助。

大厦的经理们没有认真思考，没有认识到天街客流已同过去相比发生了质的变化。过去的天街客流以旅游者居多，其中国外游客也占较大分量。随着天街改造成功，天街购物环境大为改善，当地人也开始到天街购物消费了，占到了客流量的46%，将近一半，成为天街客流的主力。而外国游客则由于南新市交通状况恶化，中心城区普遍不适宜大型旅游客车停留，导致到天街的购物人数大减，仅占天街客流量的4%。

工美大厦的经理们根本没有感觉到市场环境的变化，还以国外游客为主要客户对象进行商品配置和服务。他们全然没有发现，当下的工美大厦，85%的销售并不是由国外游客创造的，甚至70%的销售都不是由游客创造的，而是由南新市当地的机构与个人消费形成的。

工美大厦所坚守的传统的市场定位显然同天街的客流结构严重不符，也同工美大厦实际的销售结构不符，严重落后于形势的发展。

顾客定位的错位，必然带来大厦商品定位的错位。在这一指导方针下，自然无法针对目前天街的主流顾客，从而配置适应顾客需求的商品和服务。这是造成工美大厦销售收入偏低，企业亏损的根本原因！

企业亏损的根源是找到了，方明同工美大厦的各位经理们沟通后，他们也表示认同，承认自己确实在理念上还停留在过去。但当讨论到如何调整商场的商品结构，以适应顾客结构的变化时，问题又来了，而且大家的争论还很激烈，每位产品经理都认为自己的产品是符合顾客需求的。

看来方明还必须进一步研究，并说清楚如何调整商场的商品结构。

决策点评

人们常说：找到问题，这问题就解决了一半。这句话实际上是在强调在决策中找到问题是多么的重要。找到问题，就是发现和定义问题，是决策的第一环节。只有发现并准确地将问题揭示出来，引起高层领导的重视，才能解决问题。在企业经营和管理中有许多问题，大家都“知道”，却长期存在，找不到合适的解决办法，原因就在于不能准确地定义问题。

本案例中，工美大厦亏损，这个问题看似显而易见，但却长期无法准确定义问题的核心：究竟是什么原因造成身处天街这么大客流量的商场还巨额亏损？

咨询机构通过调研得出的结论是：大厦亏损是由于大厦销售商品不适销对路，销售收入达不到盈亏平衡点。这几乎是不用调研也能推导出来的结论，无法说服企业的领导层，因而不能形成商场管理团队对问题的共识。

方明通过对工美大厦具体的顾客消费结构分析，用数据说话，找出了工美大厦长期扭亏失败问题的根本原因是市场定位错误，并被大家所认同。工美大厦的市场定位，还停留在旧楼拆除前：以国外游客为主，严重不符合重新开街后的天街的客流结构。

总结本案例，我们从决策技巧角度总结如下 4 点。

1. 找到问题产生的根本原因，是准确定义问题的关键，也是弄清决策之“理”的关键环节。只有将问题产生的根本原因弄清楚，才能有针对性地制订解决问题的可行方案。因此，定义问题的核心在于描述清楚问题产生的根源，而人们往往容易被问题的表象所迷惑，看不到问题的实质。

2. 对问题的定义必须数据化。用数据说话，是发现问题本质的重要手段，也是形成管理层对问题产生根源共识的重要方法。用数据说话的前提是对问题的定义必须数据化。咨询机构得出大厦亏损的原因是大厦销售的商品不适销对路这一结论是正确的，但由于它们没有进一步将这个问题指标化、数据化，因而无法说服企业的领导层，进而形成对问题的共识。

3. 本案例的问题“商品不适销对路”，涉及两个要素：顾客和商品。要想将问题数据化，必须对这两个要素进行指标化和数据化。顾客又进一步分为来到天街的顾客和在大厦购物的顾客。来到天街的顾客构成，天街办有数据，关键是在大厦购物的顾客和商品的关系如何指标化和数据化。方明将到大厦购物的顾客依据工美的产品消费特点进行了重新分类，并用每类顾客在大厦的购物销售额作为关键指标，将顾客和商品两个要素联系起来，从而实现了对问题“商品不适销对路”定义的指标化和数据化。

4. 对问题进行数据化定义完成后，如何获取数据，做到决策有“据”，往往又成为难点。为此，必须考虑为数据的有效获取建立相应的组织体系，这就是管理会计的任务。本案例中，方明巧妙利用收银台进行调研，是成功完成分析的一大因素。看似一张简单的调查问卷，却需要所有收银员持续坚持两个月，劝说每一名顾客填写调查问卷，并要将顾客的购买数据同其调查问卷相对应，进行记录和整理，这其中包含巨大的工作量。

试看方明如何进一步分析商场的商品结构。

第十章
数据挖掘，解析商品结构
——商场商品结构分析

商场亏损的根源是找到了——顾客定位错位。但这仅从理念上提出了改进的方向，如何进一步调整商品结构以适应顾客结构和需求的变化，还是一个问题，而且争论还很激烈，每一位产品经理都说自己的产品是符合顾客需求的。看来不对大厦的商品结构进行认真的分析，是很难进一步指导大厦进行商品结构调整的。

要研究商品结构，首先必须对商品进行合理的分类。

工美零售行业经营的商品约 15 000 种。大厦按行业惯例，将所经营的商品分为“硬件”和“软件”两类。所谓软件，主要指用丝、毛、棉、麻等软性材料所做的工艺美术类商品；相对应的，用金属、玉、石、陶、泥等硬质材料所做的工艺美术类商品，就是硬件。

这个分类，只是反映了产品的物理属性，而没有反映商品的经营属性，是属于计划经济时代下的分类体系。计划经济时代是卖方市场，有产品就不愁卖，因此商场不用考虑商品的市场特性，为了方便运输、保管、陈列等内部管理要求，考虑产品的物理属性比较多。这种分类方法，由于没有考虑商品的市场属性，因而无法反映商品结构与顾客消费需求的相互关系，无法指导工美大厦管理层研究商品结构与顾客群的关系，也就无法指导工美大厦的商品结构调整工作。

在市场经济条件下，商品的分类应主要体现商品的市场特性。因此必须打破传统的分类惯例，对工艺美术商品分类进行创新。方明开始研究起工艺美术商品的分类来。经过同经理人员的大量谈话和讨论，方明根据商品的市场需求特点，将工美大厦经营的商品分为五类。

一是传统工艺美术品。该类商品主要是具有传统宫廷艺术特色的工艺品和民间工艺品，是大厦目前的支柱商品。

二是旅游特色工艺品。该类产品是针对旅游者开发的工艺美术品。

三是非工艺类旅游商品。该类商品主要是一些中国特产，如丝绸、中药等，以及一些同国外比具有价格优势的商品，如羊绒衫、箱包等。

四是现代礼品。这类商品主要以现代新材料为主，造型风格西化。这类商品有一部分为进口，还有一部分为仿制国外礼品。

五是首饰。主要是黄金、白银以及珠宝首饰。

在以上分类的基础上，方明找各楼层经理商量，将每一种商品都按这五个类别进行了重新归类，并统一制定出了商品归类表。

接下来可以开始进入第二步，计算各类商品的销售数据了。

先看看这五类商品在2000年的销售情况。这可没有现成的数据，因为过去根本没有这种分类，所以在所有统计资料中都不可能找到相应的数据。

幸好在1998年重新开业时，方明到工美大厦任副总，除了负责财务，还主管了大厦信息系统的建设。当时，他成功说服软件开发商，将信息系统的数据结构按工美行业的特点，进行了重新梳理，而且信息系统机房归大厦财务部管理。方明知道每一个商品的销售数据，它们通过POS（销售点）机，都进入了数据库，只是没有按新的分类整理和提取出来。方明立即召集大厦财务部和机房技术员，要求打开数据库，按新分类重新整理、统计2000年的销售数据。方明当时不知道，这实际上已经进入了世界前沿的中国数据挖掘领域。在5年后的一天，方明去北大听一个演讲，北大邀请美国学者来讲管理趋势，讲的就是当时美国管理学界正火热的数据挖掘。方明当时恍然大悟，原来自己早干过这事儿了。

数据金山待挖掘

经过机房技术人员的努力工作，数据很快出来了，如图10－1所示。

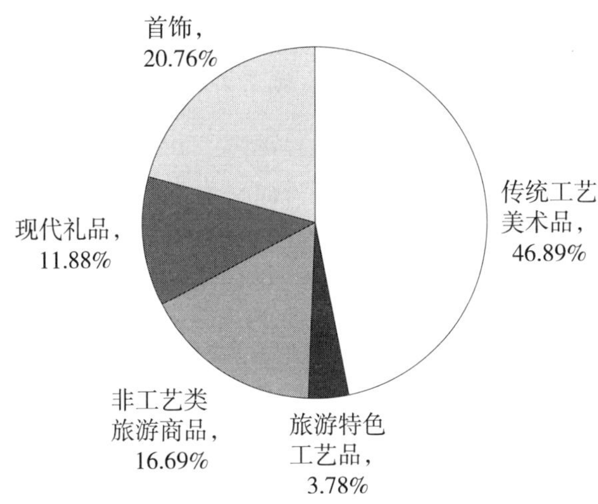

图10－1　2000年工美大厦销售结构

大家辛辛苦苦将数据统计出来了，如何解读又成了问题。绝大多数人认为，传统工艺品销售最多，占了大厦全年销售收入的47%，这说明传统工艺品最好销，最适销对路，应该增加它们的配置。而旅游特色工艺品和现代礼品的销售收入为倒数前两名，分别约占大厦全年销售收入的4%和12%，说明这两类商品销售差，不适销对路，应该减配。而这个结论似乎同工美大厦根据顾客定位研究得出的结论是矛盾的。

但也有少部分人有不同的意见。旅游特色工艺品的销售经理就认为，该类商品销售少，卖得不好，是因为我们根本没有重视这类商品。

方明很快意识到，以上数据，仅是2000年大厦实际“销售收入的品类结构”，还不能叫商场商品结构。商场商品结构，应是大厦商品的配置结构，是指各种类商品在数量上的配比关系。

但是如何在数量上标示商品的配比关系呢？方明查阅了当时的大量资料，罕有论述。由于各种商品体积、重量都不相同，而且差异巨大，无法用一些统一的物理指标来标示商场的商品结构。同时，由于商品单位价格相差很大，也不能用商品的价格来标示商场商品结构。方明经过认真研究认为，商场最重要的物质资源是商业经营面积，如果用各种类商品占用商业经营面积来标示商场的商品结构，可以直观地反映和揭示各种类商品在商场商品结构中的重要程度以及各商品品类配置的数量关系，这符合商业经营的规律。

为此，方明又安排楼层经理们统计各商品品类占用楼层经营面积的情况，并根据2000年的销售结构情况，整理出表10－1中的数据。

表 10－1　2000 年工美大厦商品结构及销售收入

商品分类	经营面积（平方米）	面积比重（%）	销售额（万元）	销售比重（%）
总计	10 008	100	7 593	100.00
传统工艺美术品	7 085	70.79	3 560.2	46.89
旅游特色工艺品	80	0.80	286.9	3.78
非工艺类旅游商品	1 910	19.08	1 267.2	16.69
现代礼品	406	4.06	902.1	11.88
首饰	527	5.27	1 576.6	20.76

从表 10－1 可见，传统工艺美术品占用 71% 的经营面积，而销售仅为 47%；非工艺类旅游商品经营面积占 19.08%，而销售收入占 16.69%，两项合计占用经营面积 90% 而销售收入占 63%。传统工艺美术品虽然实现了大厦 47% 的销售，占了销售收入的最大比重，但它同时也占据了大厦 71% 的经营面积。而旅游特色工艺品、现代礼品、首饰占用经营面积分别为 1%、4%、5%，合计 10%，销售收入则分别达到了 4%、12%、21%，合计 37%。卖得最差的旅游特色工艺品和现代礼品，不是因为它们本身不好卖，而是因为配置不足。它们实现了大厦 16% 的销售收入，却仅占用了大厦 5% 的经营面积。如图 10－2 所示。

分析到此，方明恍然大悟，这实际上就是经济学最优化分析中最基础的资源效益函数分析。将效益函数理论应用于商场经营，方明试着构造商业效益函数。核心资源是商场面积，假设为 M，商场总效益为 F，则某商品占用商业面积创造的总效益函数为：

$$F = f(M)$$

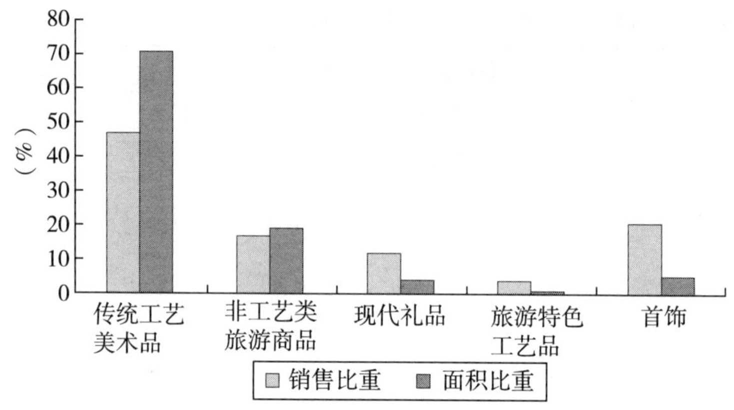

图 10-2　各类商品销售与经营面积占比

效益函数理论认为，当 M 较小时，某商品创造的总效益 F 会随着该商品占用的经营面积 M 的不断增长，而不断增长。此时 M 每增长 1 平方米，所增加的总效益 F，就叫作 M 的边际收益。当 M 不断增长到一定值后，增加 M，总效益 F 不再增长，即 M 的边际收益为 0 了，此时，总效益 F 达到最大值。

换句话说，当边际效益函数为 0 时，总效益函数最大，而不是平均效益函数最大时，总效益函数最大。

方明准备将效益函数理论应用于商场商品结构最大利润分析中。他发现，上述的商业效益函数，是某个具体产品的经理为了实现该产品产生的最大效益，去争取商场更多商业资源配置的优化模型，并不适用于商场整体效益分析。对商场来说，核心资源商业面积是恒定不变的，不存在面积增加产生边际利润的问题。商场效益最大点，就是商场面积平均效益最大点，而不是边际效益函数最大点。为此，应从商场角度进行“平效”分析，平效最大，就是商场总体效益最大。

方明由此发现了平效分析是商场最优化效益分析的重要工具。

方明开始对大厦的商品结构进行平效分析，即单位面积创造的销售收入分析。通过“平效”分析确实很能说明问题。由表 10－2 可见，单位面积创造的销售收入最高的商品品类为旅游特色工艺品，每平方米面积销售收入为 3.6 万元；然后为首饰，每平方米面积销售收入为 3 万元；接下来为现代礼品，每平方米面积销售收入为 2.2 万元。这 3 类都远远高于传统工艺美术品的每平方米面积销售收入 0.5 万元和非工艺类旅游商品的每平方米面积销售收入 0.7 万元。真是不算不知道，一算吓一跳。几类商品的单位面积创造效益差异之大，远超方明的想象，如图 10－3 所示。

表 10－2　2000 年工美大厦商品结构及平效分析

商品分类	销售额（万元）	经营面积（平方米）	面积比重（%）	单位面积销售（万元）
总计	7 593	10 008	100	0.76
传统工艺美术商品	3 560.2	7 085	70.79	0.5
旅游特色工艺品	286.9	80	0.80	3.6
非工艺类旅游商品	1 267.2	1 910	19.08	0.7
现代礼品	902.1	406	4.06	2.2
首饰	1 576.6	527	5.27	3

以上分析，有力地证明了大厦由于传统思维惯性，导致顾客定位错位、商品结构错位，从而使商场经营效率低下。2000 年全年，71% 的经营面积每平方米仅实现 0.5 万元的销售收入，还有 19% 的经营面积每平方米仅实现 0.7 万元的销售收入。换句话说，90% 的经营面积处于极低效率经营，调整商品结构势在必行。而且商品结构调整的方向也非常清楚了：应调减单位面积创收较低的商品类，而调增单位面积创收较高的商品类。

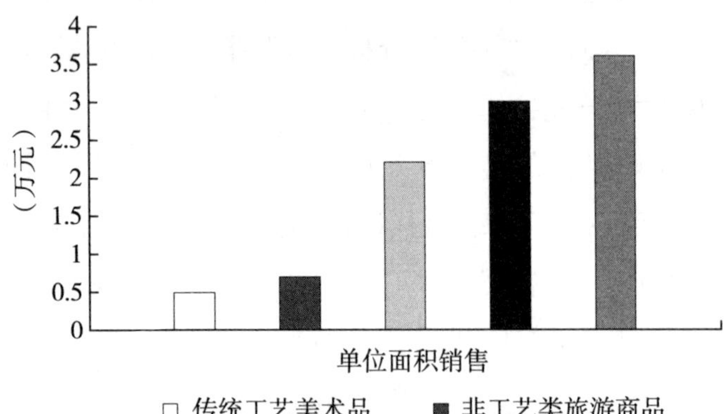

图 10－3　单位面积创收比较

方明将报告写出来很是高兴，总算可以交差了。宫总一看，也吓了一跳，单位面积创效之低，也远远超出他的想象！传统工艺美术品是工美大厦销售的主力，他也一直认为，大厦销售不好，是因为这个主力商品配置不充分造成的。经方明这么一算，它们占用工美大厦71%的经营面积，2000 年全年每平方米仅实现 0.5 万元的销售收入。工美大厦整体经营效益低下，实则是这类商品经营效益低下造成的！

宫总看完方明的报告后，很不满意，认为市场定位、商品定位还是太学术化了，还要进一步研究，要有可操作性！

决策点评

本案例中，从决策流程看，同上一章的案例同属于发现和定义问题环节，处于决策的第一环节。

通过上一章的研究，大家都认同了大厦商品结构同顾客结构存在错位，但究竟如何错位，一直没法准确定义，因而无法指导大厦管理层进行商品结构的调整。当方明将大厦各类商品进行重新分类，并通过数据挖掘，计算出各品类商品2000年的销售额时，大家还是理解不一。

传统工艺美术品销售最多，占了大厦全年销售收入的47%，绝大多数人认为，这说明传统工艺美术品最好销，最适销对路，应该增加它们的配置。而方明则成功对此问题进行了分析。

首先，方明敏锐地发现，商品销售比例结构，不能代表商场商品结构，而各品类商品占用大厦的核心资源——商业经营面积，才是商品结构的最佳表达指标。

在第一章的案例中，我们特别强调，将问题指标化，是用数字支撑决策的关键环节，是发现问题、定义问题的重要技能。而当时的问题指标是进货良品率，相对比较直观，容易找到。本案例中，用各品类商品占用商业经营面积这个指标来表征大厦的商品结构，发现起来就有较大难度。

其次，方明发现了“平效”分析这个有力工具。所谓“平效”分析，就是单位面积创造的效益分析。这实质上是经济学中最优化问题研究的基本功：总效益函数与平均效益函数、边际效益函数的关系问题。

效益函数理论认为，当边际效益函数为0时，总效益函数最大，而不是平均效益函数最大时，总效益函数最大。但这个结论存在的前提是自变量——资源可以不断供给。

方明发现，对商场来说，核心资源商业面积是恒定不变的。商场效益最大点，就是商场面积平均效益最大点，而不是边际效益函数最大的问题。因此，“平效”分析是商场效益优化分析的重要工具。

通过本案例，进一步说明，将问题指标化是定义问题的重要工具，是决策的重要技能，是用数据支撑决策的关键环节。只有将问题指标化，才能将问题数据化，进而才能对问题形成的根源进行数据统计、分析，并为有效解决问题制订可行的方案，最后评价这些方案。

本案例还进一步说明，企业经营管理决策之“理”，主要来源于经济学、管理学的理论和方法。但是想要创新性地应用这些理论和方法，解决实践中的问题，不仅需要丰富扎实的经济学、管理学理论的基础，还必须有高超的应用技巧，这是决策实践中的一大难题。

本案例，我们从决策技巧角度，可总结以下 4 点。

1. 定义问题，必须对问题中所涉及的关键要素有清晰的数据化定义。本案例中，问题是“商品结构不适合顾客需求”，其中对“商品结构”如何进行数据化、指标化定义，就成为一大难点。方明透过现象看本质，创新性地利用商业经营面积表征商品结构，成功地化解了这一难题。

2. 将经营数据适当分类，能使得我们透过现象看本质，是决策成功的关键技巧之一，也是决策艺术性的体现。分类是人类认识世界的基础，人类知识的进步，都是从分类开始的。本案例打破常规，将商品按经营特性重新分类，看似简单，实则体现出了方明理论与实际相结合的深厚功底。这要求我们对企业的经营特质进行本质的理解和把握，理解企业的核心价值，并且时刻体现和反映企业的核心价值。

3. 数据挖掘是企业经营决策的重要手段，是决策的重要数据来源。咨询机构的咨询失败，很大程度上在于他们当时还没有掌握数据挖掘的工具和技巧。特别是当今社会已进入大数据时代，企业经营管理的各种数据非常丰富，是企业经营决策的重要宝库，必须善加利用。但是，我们也要看到，数据挖掘并不是包治百病的灵丹妙药，决策的核心还是在于决策的理念与逻辑，而数据挖掘只是企业经营决策的重要手段之一。

4. 要创新性地应用经济决策理论。经济决策理论是对现实问题进行高度数理化抽象而提出的，在实际应用中，要认真分析其所适用的前提条件，并根据实践问题，进行灵活变通的改进应用。

决策让数据说话太重要了。不算不知道，一算吓一跳。工美大厦单位面积创效差异之大，远超所有人的想象。本案例进一步说明，那种“心中无数决心大，情况不明办法多”的经验主义决策，将面临多么大的风险！

让我们继续看方明如何进一步化解工美大厦商品结构调整难题吧。

第十一章
平效分析，研究店内布局
——商场店内布局分析

方明认真领会宫总的意图：只从商场整体角度出发，对大类商品结构提出调整的基本原则和方法是不够的，因为商场领导班子还是无法落实到各基层经营单位——各楼层。为此还必须要具体研究各楼层的商品经营情况，揭示其存在的问题，并提出具体到各楼层的可操作性调整方案。这实际上是要进一步研究和分析工美大厦的商业店内布局，特别是要深入研究各楼层的商业布局，不能仅局限在大类商品研究上，还必须细化到小类商品。顾客定位与商品定位，最后都要落脚到店内布局上。

对于零售企业来说，商业店内布局是经营成功的一个重要因素。方明开始着手研究工美大厦的商业店内布局。

工美大厦商业店内布局研究从什么方向突破呢？方明想，首先要找到当前商业店内布局中存在的问题是什么。在上一章研究工美大厦商品结构中，方明应用单位经营面积创收指标——每平方米销售收入，开展平效分析，成功找到了大类商品结构中的问题。有此经验，用各楼层单位面积创收指标，应该能找到工美大厦商业店内布局中存在的问题和突破口。方明开始了三步走。

第一步，计算各楼层 2000 年的销售业绩。

由于 5 层和 6 层出租，获取固定收益，大厦主要经营在 1～4 层。各楼层经营业绩计算如表 11－1 所示。

表 11－1　1～4 层 2000 年经营业绩

楼层	经营面积（平方米）	日均销售（万元/天）	单位面积日均销售（元/天·平方米）
1 层	890	8.0	90
2 层	1 593	4.8	30
3 层	1 976	6.3	32
4 层	1 976	1.5	8

通过这么一算账，大厦店内布局的毛病立即呈现出来了。第一，1 层与 2 层经营效益相差太大。2000 年，2 层经营面积比 1 层经营面积大了近 80%，而 2 层每天的销售收入却比 1 层每天的销售收入低将近 40%。1 层的单位面积日均销售高出 2 层的两倍。第二，2 层的单位面积日均销售还低于 3 层。第三，4 层的经营效益太低。4 层的日均销售收入仅为 1 层的 19%，不足其 1/5；仅为 3 层的 24%，不足其 1/4。4 层的单位面积日均销售仅为 1 层的 9%，不足其 1/10；仅为 3 层的 25%，仅占其 1/4。

方明通过了解其他商场的情况得知，在大型现代化商场中，1 层和 2 层的级差地租一般在 10% 左右，2 层同 3 层比一般在 20% 左右，而 1 层同 3 层比一般不超过 32%。工美大厦 2 层的日均销售仅有 1 层的 1/3，说明 2 层商品配置存在巨大问题。3 层的日均销售虽然比 2 层高，但同 1 层比还差 64%，说明其商品配置也不尽如人意。4 层的单位面积日均销售又锐减到 3 层的 1/4，说明 4 层对顾客的吸引力明显低下。以上都说明工美大厦店内布局整体效率较差，商品配置比较失败。

店内布局确实有大问题。商业企业店内布局主要有两大要点：一是流动线路设计，二是主力商品布局。接下来，方明要分别深入研究这两方面问题。

第二步，分析流动线路设计问题。

流动线路，是指顾客进入商场后的走动线路。在顾客主要流动线路上的区域，由于顾客容易到达，容易被相关的产品陈列所吸引，因而容易达成销售。流动线路设计好，会自动引导顾客到达大部分商场区域，从而促使商场销售提升，减少区域间的销售创效差异。因此，流动线路设计直接影响商场布局效率，影响商场经济效益。但是流动线路设计好坏不好评价，大多凭经验。

为了揭示流动线路对商场布局效率的影响，方明考虑将各楼层按商业价值分区。各楼层都分为A、B、C 3个区域，A区为最佳经营区，B区为一般经营区，C区为不佳经营区，并对每个区域的市场价值进行评估。特别是引入商场的联营合作厂家，由他们出价，而他们的出价就代表市场对该区域的价值判断。流动线路设计合理，A区域占比就高，每平方米的市场价格也会高。

为了使这个分区尽量符合实际，方明将各楼层经理和管理人员请来，先由他们制定出区域划分图，并估算出单位面积的出租或联营价位。然后，由大厦财务部门同楼层经理一起，组织大厦联营厂家研究并逐一核算，宣布以后将把这个区域价值图作为各楼层招商的价值基础。经过大量的仔细核算和研讨，最后各方达成一致的认识，如表11－2所示。

表 11 - 2　各楼层区域价值划分

楼层	区域等级	经营面积（平方米）	区域占比（%）	出租价格（元/天·平方米）
1 层	A 区	190	24	42
	B 区	432	54. 5	35. 6
	C 区	170	21. 5	18. 5
2 层	A 区	689	54. 2	20
	B 区	150	11. 8	17
	C 区	432	34	11
3 层	A 区	455	29. 4	17. 5
	B 区	778	50. 2	14. 5
	C 区	316	20. 4	10
4 层	A 区	455	29. 4	10
	B 区	778	50. 2	8
	C 区	316	20. 4	6

大家通过各楼层销售区域价值划分表发现，首先是区域占比不合理。一是 A 区占比较低。1 层 A 区占比仅为 24%，3 层和 4 层也都仅为 29. 4%。这 3 个楼层 A 区所占比例都不足 30%。全部 4 个楼层，A 区占比为 34. 6%，说明仅占 1/3 的经营面积是高效区域。二是 C 区占比较高。1 层 C 区占比高达 21. 5%，接近 A 区面积。2 层 C 区占比更高达 34%，3 层和 4 层 C 区占比都为 20. 4%。全部 4 个楼层，C 区占比为 23. 9%，说明商场近 1/4 的经营面积为低效区域。其次是各楼层价值差异较大。同样为 A 区，1 层每天每平方米市场

价值达到 42 元，而 2 层立即腰斩为 20 元，4 层再进一步腰斩为 10 元。

以上分析说明商场流动线路设计有明显的问题，商场布局效率较差。

第三步，分析主力商品布局问题。

主力商品布局，是指商场的主要商品在商场中的布局结构情况，而且主力商品布局是商场布局的重点课题。根据前面章节中提到的商品结构研究方面的经验，方明利用各主要商品占用商场的经营面积，作为反映商品在商场中配置情况的重要指标，同时计算各主要商品的单位面积创效指标，作为评价各主力商品布局结构好坏的依据。

没有现成的数据，必须利用大厦销售数据库进行数据挖掘了。方明再次要求大厦财务和机房技术员打开基础数据库，对 2000 年各楼层各类商品销售情况进行统计分析。通过对 2000 年各楼层销售前 5 位商品的销售情况及占用面积、所处区域进行数据统计分析，得出表11 －3。

如何解读表 11 －3 中的信息呢？

首先，表 11 －3 中是以单位面积销售来分析各种商品对大厦的利润贡献。其中所列数据，除纯金饰品毛利率较低，没有可比性外，其余商品的毛利率均在 30% 左右，以单位面积销售来分析各种商品对大厦的利润贡献，具有可比性。

其次，以经济学中的效用最大化原则来分析各类商品单位面积销售数据。

表 11-3　2000 年各楼层销售前 5 位商品销售分析

楼层	销售前 5 位商品	销售额（万元）	经营面积（平方米）	单位面积销售（万元/平方米）	所处区域
1 层	纯金饰品	632	50	12.6	B
	白金镶嵌	514	160	3.2	A、B
	玉石饰品	407	95	4.3	A、B
	时装饰品	328	140	2.3	B
	景泰蓝	208	35	5.9	B
2 层	服装	725	1 100	0.66	A、B、C
	毛衣	231	130	1.78	B、C
	竹编	116	75	1.55	A
	旅游品	111	70	1.59	A、B
	绣衣	110	110	1	C、B
3 层	玉雕	348	290	1.2	A、B
	景泰蓝	197	90	2.19	B
	字画	182	180	1.01	B
	绣品	178	200	0.89	B、C
	台布	157	120	1.31	B
4 层	瓷器	171	90	1.9	A
	地毯	87	220	0.4	B
	金属工艺品	43	60	0.72	A
	乐器	38	90	0.42	A
	角雕	24	40	0.6	B

经济学中有一个效用最大化原则。这个原则说，如果你有 10 元钱，想吃两种小吃，当剩下最后 1 元钱，无论买哪种小吃，你都感

觉一样满足的时候，你这时获得的满足感是最大的。用经济学术语来说，就是当消费者以一定的货币消费多种产品时，一定要使最后的单位货币所取得的边际效用彼此相等，这时消费者获得的总效用会最大化。按照这个原则，对于商场来说，经营面积就相当于消费者手中的货币，只有当各种商品单位面积创造的销售收入相等时，才能实现商场销售收入的最大化。

经营面积如何分配最有效

而按照效用最大化原则分析，工美大厦的商品布局就显得极为不合理，存在严重问题。由表 11－3 可见，各种商品单位面积创造的销售收入差异非常大。一是同一楼层中，不同类商品单位面积创效相差巨大。如同在 1 层的景泰蓝与时装饰品，前者每平方米销售 5.9 万元，而时装饰品仅为 2.3 万元，单位面积创效相差 1.6 倍。2 层，最好的毛衣类每平方米销售 1.78 万元，而最差的服装类每平方米销售 0.66 万元，单位面积创效相差 2.7 倍。3 层，最好的景泰蓝每平方米销售 2.19 万元，而最差的绣品类每平方米销售 0.89 万元，单位面积创效相差 1.5 倍。4 层，最好的瓷器类每平方米销售 1.9 万元，而最差的地毯类每平方米销售 0.4 万元，单位面积创效竟相差 3.8 倍。二是同楼层同区域类型，主力商品单位面积创效也相差很大。如 1 层的景泰蓝与时装饰品同处于 B 区，但单位面积创效相差 1.6 倍。同样，3 层的景泰蓝与字画也同处 B 区，单位面积创效相差 1.2 倍。三是同一楼层 A 区的商品，有的单位面积创效还不如其他区域的商品。如 1 层 A 区的白金镶嵌不如 B 区的景泰蓝，2 层 A 区的竹编不如 B 区的毛衣。

为此，方明提出实施平效最大化调整策略，其基本原则如下。

1. 请各楼层经理认真计算、分析当前各商品平效情况，并依单位面积创效相等原则进行商品结构调整。对单位面积销售较高产品，可适当增加销售面积；对单位面积销售较低产品，减少销售面积。要建立末位淘汰制度。

2. 研究大厦流动线路设计，提高 A 区和 B 区的比例。

3. 打破楼层各自为战的状态，对大厦商品配置进行联合布局，提高 2、3、4 层的级差地租。

这个分析报告一出，各种争论之声消停了。方明用了两个多月的时间，圆满地完成了宫总交办的任务，心里好不得意。

宫总认为情况清楚了，立即调整了工美大厦的领导班子。由宫总亲自兼任大厦董事长，集团常务副总牛有福兼任工美大厦总经理，集团党委副书记常成兼任大厦党委书记，开始全面调整大厦的人员和经营。

但是情况并不像大家想象得那样简单。到 2001 年年末，大厦经营仍没有任何起色。宫总大为震怒，把方明叫过去一通大骂："出的什么馊主意，一点儿不灵啊！重新想办法，要快！2002 年必须扭亏！"

谁让方明是副总里面最年轻的呢？年轻人就得挨骂。方明开始意识到当参谋并不是那么容易的事情，出的主意成功了，功劳自然算别人的，与出主意的人无关；但如果失败了，那就得说出主意的人尽出馊主意。因为人们往往无法求证，到底是主意不行还是执行不力，那么背黑锅的，只能是出主意的人了！

决策点评

第三章中讲道，决策流程一般分为七个步骤：第一步，发现和定义问题；第二步，确定决策目标；第三步，制订备选方案；第四步，评价备选方案；第五步，方案抉择；第六步，决策执行；第七步，回馈评估。本案例从决策角度出发，重点和难点在于以下三个环节。

一是发现和定义问题环节。方明利用各主要商品占用商场的经营面积，作为反映商品在商场中配置情况的重要指标，实现了“商品配置”指标化，进而数据化。

二是评价备选方案环节。方明利用各主要商品的单位面积创效指标，进行平效分析，作为评价各主力商品布局结构好坏的依据，实现了对主力商品布局方案好坏的评价。多数情况下，决策的第一步定义问题，将问题指标化，是评价指标制定的基础。只要能将问题合理地指标化了，评价指标一般就顺理成章地出来了。

三是方案抉择环节。多数人认为，只要对各备选方案的优劣评价好了，选择方案就是很容易的事情，一般情况下，确实也是这样。但是对于较为复杂的问题，方案决策就成为领导者的重大难题，同时也是领导者领导能力的重要体现。因为在现实中，每一个可行的备选方案都有可能不是最优方案，都各有优点和缺点。本案例中，方明运用西方经济学的效用最大化原则作为方案抉择的准则，成功破解了“决策难”的问题。

本案例也为我们更好地做好决策工作，提供了以下两点启示。

1. 要善于根据问题需要“创造”数据。决策中需要的数据，很多时候没有现成的，需要我们根据所研究的问题，通过调查、专家分析得来。商场分区数据，不是财务数据，也不是企业现成的统计数据，但它对我们分析问题很有帮助。

2. 经济学和管理学的基本原理，是决策的重要理论基础，是一个高层管理者的必修课。随着企业经济与管理理论的发展，大多数企业的经济管理决策，实质上就是现代经济学和管理学在企业经营管理中的实际应用。拍脑袋式的全凭经验的决策，无法适应现代企业经营管理形势的需要，而科学决策已经成为主旋律。

让我们接着看方明如何进一步解决工美大厦的扭亏问题吧。

第十二章

踏破铁鞋，妙得扭亏策略

——工美大厦利润实现模式分析与扭亏策略

找准顾客定位、商品定位，最后落脚到商业企业的店内布局与商品配置，够明白的了，可为什么调整没有成效呢？方明也一头雾水。看来一定有更深层次的问题。

商业营销策略的主要内容——市场定位、商品结构（商品定位）、店内布局，这些在前面已检讨过了，还剩下商品陈列和促销策略没有检讨，干脆将营销状况全面研究一下，看看能否找出问题的线索。方明这样想。

方明研究了商品陈列状况，发现工美大厦的陈列方式明显落后，过于单一，没有变化，不利于增强店堂的新鲜感和变化感。再研究促销策略，发现工美大厦的促销方式较为单一、传统，缺乏对多种促销方式的组合应用，也缺乏对工美大厦特定顾客对象的针对性。

通过对市场营销的全面分析，方明突然意识到，当下的工美大厦事实上根本没有现代市场营销的理念和知识，从而造成其营销水平低下，营销能力较弱。而其根本原因在于工美大厦的管理人员还没有从计划经济的管理理念和方式中转变过来，缺乏现代商业管理、现代市场营销管理、现代人力资源管理的基本理念和知识。方明在报告中提到的市场定位、商品定位、店内布局等调整策略，基本上都是“对牛弹琴”，无法落实。人不行！方明意识到这一点后几乎崩溃了！难怪许多学者在探讨国企改革时，最后实在研究不下去了，只能归结到体制、机制问题。

但方明不能这么说，也不能这么写。如果将亏损归结于“人不行”，那首先说明自己不行。企业家没有资格抱怨命运不公，没有时问怨天尤人，企业家的天职，就是解决问题！

另外，通过进一步的调查分析，方明对“人不行”有了更深层次的认识，除了缺乏现代市场营销观念外，其管理层的经营行为模式落后也是主要表现形式。

长期以来，工美大厦处于以商品经营为中心的经营和管理模式中。企业将大部分人、财、物等资源投入对商品的经销和代销中，考核的重点是某类商品的经营绩效，而商场整体的绩效却被忽视了。楼层经理们的核心工作是进货，经理层的公关重点是供货商而不是企业的“上帝”：顾客。这种模式，是工美大厦从旧楼拆除前，一直沿用至今的经营管理模式。它产生于卖方市场条件下，只要能搞来产品，就能卖出去创造利润，这样经营管理的核心自然是进货，经理们公关的重点自然是供货商。可这种模式已严重落后于当今市场经济的发展。

更为严重的是，在这种经营管理模式下，楼层经理本质上成为一个商品经理，他的经营行为决策模型，是依据我们在第十章中所述的商业效益函数，为了实现某个具体产品产出的最大效益，去争取商场更多商业资源配置的优化模型。即他的最优商品配置策略依据的是边际效益函数为0的策略。这种行为决策模型同方明的平效最大调整策略是矛盾的，也是造成前述调整策略失败的深层次原因。楼层经理们的商品结构调整行为实际上还是处于“惯性思维”中，方明的平效最大化调整策略事实上施行不下去。

改变人们的行为模式，提高他们的市场营销意识，可不是一日之功。为了找到尽快使企业扭亏为盈的措施，方明陷入了苦苦的探索之中。每当遇到疑难问题时，方明都会找基层经理做调研，深入楼层去了解情况。

“惯性思维”模式下潜藏的经营行业决策模型是罪魁祸首

某一天，方明正在楼层同经理们谈话，过来一个厂家人员，经理们介绍，这是联营厂家经理，方明便与其聊了起来。厂家经理反映，他的厂效益还不错，就是经营压力太大，因为商场要分走30%的销售收入，而售货员的工资还需要他负担一部分。方明突然获得灵感：商场的利润实现模式，可能有文章可作了！

原来，商场的利润实现模式主要有三种。其一是自营，即由商场自主进货，自主销货，各种费用由商场自己承担。商场通过商品经营而获利。其二是联营，即厂家同商场联合经营之意。经营以厂家为主，由厂家自主进货，但以商场的名义进行销售。销售员由商场提供，但由厂家进行管理，销售人员的费用由厂家和商家协商共同负担。商场按销售收入的固定百分比扣回作为商场的利润。其三是出租，即商场将经营面积和柜台出租给厂家，厂家以其名义自主经营，自负各种费用，商场只收取租金和相关费用。

而工美大厦主要采用自营和联营这两种方式。联营是由厂家经营，自营是自己经营。由于商场的各级干部缺乏现代营销理念和知识，自营效益一定低于联营，方明想。

方明准备测算各楼层两种经营业态的利润贡献情况。对商场来说，最重要的物质资源是经营面积，因此只要计算出两种业态每平方米经营面积的利润贡献，就能充分说明它们各自的赢利能力情况。

对联营业务来说，相对简单。各楼层从联营厂家获得的收入，都可以算作毛利润，而楼层为售货员支付的基本工资和社保统筹费用，为其成本。相互一减，就可以算出联营部分的经营利润。而对于自营业务，要用商品售价减去进价，得出销售毛利润，再减去部门的费用和税金，还得加上其他业务利润，才能形成自营部分的经营利润。因为自营业务人员负责楼层管理，又能向厂家收取如促销费等费用，所以还能产生一部分其他业务利润。

方明立即组织财务部门对各楼层2000年两种经营业态利润贡献情况进行测算，结果如表12－1所示。

表12－1　2000年商场不同经营方式实现利润比较　　（单位：万元）

楼层	项目	自营	联营	合计
1层	部门毛利额	72	781.1	853.1
	减：自营费用（自营）	99.2		99.2
	税金（自营）	5.2		5.2
	减：工资性费用及税金（联营）		44.9	44.9
	加：其他业务利润	68.2		68.2
	部门经营利润	35.8	736.2	772
	占用面积（平方米）	378	512	890
	每平方米年边际利润	0.09	1.44	0.87

（续 表）

楼层	项目	自营	联营	合计
2层	部门毛利额	115.2	441.7	556.9
	减：自营费用（自营）	128.26		128.26
	税金（自营）	4.5		4.5
	减：工资性费用及税金（联营）		21.04	21.04
	加：其他业务利润	44.6		44.6
	部门经营利润	27.04	420.66	447.7
	占用面积（平方米）	795	798	1 593
	每平方米年边际利润	0.03	0.53	0.28
3层	部门毛利额	398.6	364.8	763.4
	减：自营费用（自营）	259.22		259.22
	税金（自营）	9.8		9.8
	减：工资性费用及税金（联营）		12.08	12.08
	加：其他业务利润	36.1		36.1
	部门经营利润	165.68	352.72	518.4
	占用面积（平方米）	1 406	570	1 976
	每平方米年边际利润	0.12	0.62	0.26
4层	部门毛利额	152.4	128.2	280.6
	减：自营费用（自营）	98.1		98.1
	税金（自营）	3.9		3.9
	减：工资性费用及税金（联营）		7.05	7.05
	加：其他业务利润			
	部门经营利润	50.4	121.15	171.55
	占用面积（平方米）	315	1 661	1 976
	每平方米年边际利润	0.04	0.21	0.09

从表 12－1 可知，在各楼层每年每平方米的边际利润贡献上，联营业务远高于自营业务。1 层，联营业务全年每平方米边际利润贡献为 1.44 万元，远高于自营的 0.09 万元。2 层，联营业务全年每平方米边际利润贡献为 0.53 万元，远高于自营的 0.03 万元。3 层，联营业务全年每平方米边际利润贡献为 0.62 万元，远高于自营的 0.12 万元。4 层，联营业务全年每平方米边际利润贡献为 0.21 万元，远高于自营的 0.04 万元。

进一步的统计表明，自营业务的经营面积为 2 894 平方米，占总经营面积的 45%，但总利润贡献为 279 万元，仅占总利润贡献的 14.6%。联营业务的经营面积为 3 541 平方米，占总经营面积的 55%，但利润贡献高达 1 631 万元，占总利润贡献的 85.4%。如图 12－1 所示。

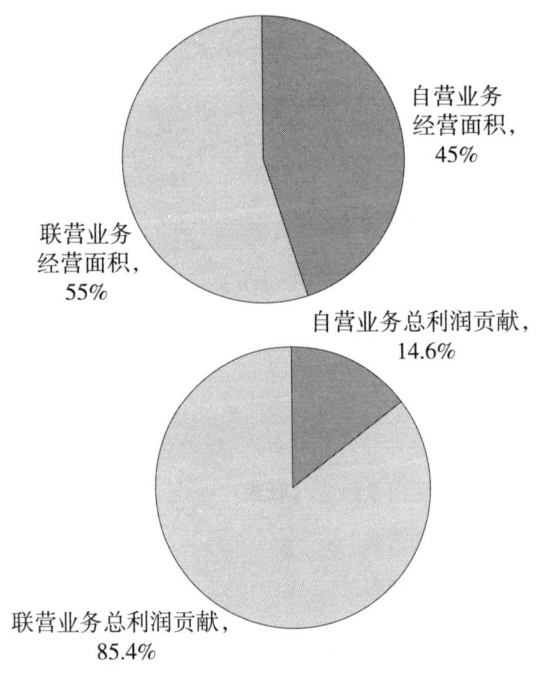

图 12－1 自营业务与联营业务比较

由此可知，工美大厦亏损的结构性原因在于自营业务经营效率太差。

为此，方明提出经营方式转变策略。具体的报告分为三部分，以下是报告全文。

经营方式转变策略：从商品经营转向商场经营

一、经营方式转变策略的可行性

根据对企业利润实现模式的分析，企业在具体的经营方式上主要分为联营和自营。目前企业把大部分资金和人力、物力投入自营业务中，其中楼层面积的45%开展自营业务，楼层售货员263人，为自营业务服务的有233人，占87.5%，企业还处于以商品经营为中心的经营模式中。但自营业务在企业商业部门创造的利润贡献中仅占14.6%。自营业务效益低下，是企业亏损的结构性原因。工美大厦必须尽快进行结构调整，实现扭亏为盈。

我们假定，2001年工美大厦将效益低下的自营业务全部转变为联营业务，经营水平维持在2000年的水平，则工美大厦2001年各楼层创利如表12－2所示，商场1～4层共能实现利润3 766万元。而2000年商场1～4层实际实现利润仅为1 909万元。

表12－2　转变为联营业务时各楼层实现利润测算

项目	联营业务边际利润（万元/平方米）	使用面积（平方米）	实现利润（万元）
1层	1.44	890	1 281.6
2层	0.53	1 593	844.3
3层	0.62	1 976	1 225.1
4层	0.21	1 976	415
合计	0.59	6 435	3 766

根据2001年企业量本利分析数据表（表12－3），可以测算出改变经营方式后全年的企业效益。当商场全部转变为联营经营方式时，企业可实现利润1 347万元，如不改变经营方式则亏损510万元。

表12－3　转变为联营方式后企业效益测算　（单位：万元）

收入		费用		实现利润
合计	5 358	合计	4 011	1 347
租金收入	1 492	固定费用	3 761	
其中：B层	500	其中：折旧	1 206	
5层	252	摊销	317.2	
6层	240	房产税	377.2	
7层	150	财产保险费	32	
9层	100	贷款利息	900	
车库	20	水电采暖费	480	
265号	180	营业税	87.6	
小市口	50	商场以外人员费用	361.3	
物业费收入	100	经营费用	250	
商场实现利润	3 766			

可见，通过经营方式的转换，可以有效利用企业商场资产提高企业经营效益，最终使企业实现扭亏为盈，摆脱生存危机。

同时，扩大联营符合许多有实力的厂家和经销商的需要。许多厂家和经销商为了突出自身品牌，建立其形象专柜或专店，愿意同商场进行联营。过去许多厂家有此意愿，但碍于工美大厦许多商品都是自营，不允许对外联营，因而未能实现。通过与工美大厦的许多供货商进行探讨，他们纷纷表示愿意进行联营，建立自己的专柜。因此，扩大联营符合大多数供货商的意愿。

综上所述，转换经营方式，具有经济可行性和可操作性。

二、经营方式转变策略的具体内涵

通过上述调查分析，我们提出工美大厦经营方式的转变策略为：改变企业经营方式，从目前的商品经营转向商场经营。

商场经营并不是简单地将柜台联营或出租，而是经营的目标和管理方式的深刻变革。企业的经营目标不再是某类商品的经营绩效，而是商场整体的经营绩效，将商场的利润最大化作为经营的目标。管理方式要从对具体商品的经营管理转向对商场整体的市场营销的管理，要求企业必须对商场进行整体的市场营销策划，特别是对市场定位和商品定位的策划。

长期以来，工美大厦将大部分资金、人力和物力投入自营业务，即对商品的经销和代销中，企业处于以商品经营为中心的经营和管理模式中，这是在卖方市场条件下的产物。但随着卖方市场向买方市场的转变，这种经营和管理模式已不适合企业的客观现实。工美大厦重新开业以来持续亏损，迫切要求企业从商场整体绩效出发，认真分析企业最主要的物质资源——商场经营面积的整体应用效率。而各种规模和业态的工艺美术商品零售商的出现，使企业必须重视商场整体的市场营销策划，通过塑造商场的整体形象去吸引顾客，从而取得竞争中的主动权。

实施此战略，必须注意如下问题。

1. 商场经营并不是简单地将柜台联营或出租。它要求企业必须对商场进行整体的市场营销策划，特别是对市场定位和商品定位的策划。商家的引入必须在符合商场整体市场定位和商品定位的基础上进行，因而不是简单地谁出价高就引入谁的“唯收益型”引入。这要求商场在研究好市场定位和商品定位的基础上，编制出商品配置图来确定应引入什么厂家。企业必须制定厂家引入资质审查制度，对商品质量差、经营信誉不佳的厂家，要严格限制其进入工美大厦。同时，必须加强对厂家销售商品质量的检查和控制，制定商品进入商场的质量检查制度，杜绝假冒伪劣商品进入商场，损害商场整体形象。

2. 注意处理好冗余人员分流安置问题。从商品经营转向商场经营，从自营转为联营，必然导致许多冗员的出现。企业必须认真执行《劳动法》的规定，依法解决冗员问题，实现减人增效。

3. 经营方式从商品经营转向商场经营，不能简单理解为取消所有的自营项目。对自营效益特别好的项目和一些为维持大厦经营特色所必需的但效益不显著的项目，应适当保留。还应建立一个新产品开发小组，专门开发新产品、培育新产品，以维持工美大厦商品的创新能力。

三、策略的实施步骤

1. 调整工美大厦组织机构，以适应经营方式的变化。同时转变管理方式，制定相应的管理制度，特别是厂家引入资质审查管理制度和商品引入质量检查制度。

2. 对大厦各类商品经营进行系统分析，确定哪些适合联营，哪些应保留自营。

3. 对大厦商品结构和店堂布局进行整体规划，确定每个楼层的商品结构和具体销售位置。

4. 确定联营招商计划。

以上工作必须在2001年7月到10月完成。

5. 对外招商。该工作于2001年12月底完成。

6. 做好人员分流安置计划，进行人员分流。该工作于2001年12月底完成。

7. 做好2002年市场营销策划工作计划。该工作于2001年12月底完成。

通过以上经营方式转变策略的实施，将确保2002年工美大厦扭亏为盈，使企业彻底摆脱生存危机。

从商品经营转向商场经营，管理团队能理解吗？万一他们理解为简单联营或出租怎么办？有了上次的经验，方明开始关注起自己所出主意的可执行性了。在写报告时，方明特意在讲述策略的内涵一段，苦口婆心地又加了一段实施注意事项，可还是不放心。报告写出来后，方明一直很纠结，压着没交。

但是，很快就有人将小报告打给了宫总：方明的报告早写完了！宫总把方明叫过去，一通数落，方明也趁机将自己的担心和盘托出，说是怕大厦管理团队不理解，策略实施走样了。宫总说："你也太小看我们这些多年经营商场的'老炮儿'了！"

但是，方明担心的事情还是发生了！著名的墨菲定律说：你担心什么，那它一定会以最坏的方式发生！

方明的报告到了集团常务副总兼工美大厦总经理牛有福的手里，立即产生了"神效"。他将报告高度总结提炼为：方明的意思是，能租则租、宜联则联。而对方明一再强调的商场经营只字不提。于是，大规模的出租运动就此开始了。

一天，牛有福和集团党委副书记兼任工美大厦书记的常成一起上门找方明征求意见，说他们准备将工美大厦的1层和2层出租给一位姓张的个体老板，用以经营高档服装销售，方明当即表示反对。

方明表示：第一，商场的1层和2层是商场的门面，不做工艺美术品销售，就意味着工美大厦整体定位的转型。这是一个整体战略问题，而不是简单的出租挣钱问题。第二，这个张老板过去一直在天街卖低档服装，根本没有做过高档服装销售。而且他过去的经营面积仅有1~2层的1/5，不具备管理大型商场的经验。这个人文化水平低，没有学习能力，这种超越他经验范围的事情，他很难有能力做好。第三，工美大厦转型，不是企业自身的问题，对天街、对全市都会有重大影响，应好好征求一下各方的意见。

送走这两个人后，方明知道，他们提的这个方案，肯定已经与宫总沟通并初步达成一致了，所以必须赶快找宫总汇报。方明立即找到宫总，将上述三点意见又激情陈述了一遍。宫总听完后，缓缓地说："这事还没有定，明天开处长以上会议，再议一议。"可方明做梦也想不到，第二天的会议，竟然为他的职业生涯埋下了一颗定时炸弹！

第二天的会议由宫总主持，先由牛有福介绍了一下出租方案及其好处，然后要求大家发言表态。天真的方明以为这真是讨论会议，所以过去一向低调的他一反常态，第一个抢着发言。他认为这件事太重大了，事关工美大厦的战略方向，不能睁一只眼闭一只眼。方明将自己的三点意见阐述完毕后，处长们一个接一个地都表示了对方案的异议。牛有福一看不妙，中途打压了一下，但后面的处长们还是没有顺着他说，几乎都是反对意见！

这时宫总终于沉不住气了，直接对着方明开骂："有的人就会纸上谈兵，不懂实情！"帽子扣得实实的！方明的发言逻辑无可挑剔，只能攻击知识分子共有的弱点"只懂理论"。现场气氛一片凝重！

宫总激情发言过后，要求大家重新表态。接下来，他有3个月没有理睬方明。事后据宫总身边的人讲，宫总当时特别生气，是因为他认为方明居然敢带着一帮处长和其他副总反对他！

工美大厦改弦更张后，很快便应验了方明的三点判断。全市人民表示反对，连市人大、政协都派人来调研，提出异议。区政府更是公开表示反对，并委托区税务局开始查工美的账。张老板也经营不下去了，开始卖裤衩背心，还亏了本。工美大厦的整体销售进一步快速下降！

接下来，在全市人民的反对声中，工美大厦被迫改回了原样。

宫总为了向组织交代这次事故，向市委组织部表示，事故的主要原因在于工美集团班子成员中，没有一个懂商业经营的。而自己又是集团董事长、总经理、党委书记一肩挑，也没有一个合适的专业人士来辅佐自己，精力无法完全放在工美大厦的经营上。

很快，组织部就给工美集团委派了一位新总经理董英为。这个董总很快就同宫总公开斗了起来，而主管财务和投资业务的方明成为董总首先打击的目标。她很快组织了一批人，向市纪委、市国资委写匿名信，举报方明的各种“问题”，并借机暂时不让方明主管财务，由她亲自主管。同时，她还委托会计师事务所对方明主管的财务进行“鸡蛋里挑骨头”式的严格审计！第一个事务所审计完后，说没事，董英为认为不可能，就又委派了第二个事务所再一次审计，还是没事，于是又委托了第三个事务所将方明当过总经理和董事长的3个企业的账都审了一遍，还是没查出什么来。

在董英为这种人的心里，就没有一个领导是干净的！在她看来，没有审出问题，那是因为方明水平太高，且会计师事务所不够专业。那就请检察院来查！于是，董英为利用某位市领导的关系，据说这人是她的好友，下令检察院立案开查！这国家机器，怎么就成了个人权力斗争的工具了呢？

决策点评

本案例有力地说明了，在决策流程中，好的决策执行与好的决策方案是同等重要的。有的时候，由于执行不当，一个好的决策方案，也会造成极端恶劣的后果。还有的时候，一个好的决策方案，也会因为执行力不够而无法被正确执行，产生不了预计的结果。如第九章、第十章所述，虽然方明对造成工美大厦持续亏损的原因，从市场营销的各个方面都进行了系统分析检讨，并提出了分别调整的策略和原则，但由于当时工美大厦的各级经营管理人员还没有从计划经济的管理理念和方式中转变过来，事实上也根本不具备现代市场营销的理念和知识，因此方明在报告中提到的市场定位、商品定位、店内布局等调整策略，基本是“对牛弹琴”，无法落实。为此，在决策过程中，必须充分考虑决策方案的可执行性。

本案例，从决策技巧角度，给我们带来以下3点有益的启示。

1. 企业扭亏策略的制定，一般都首先从市场营销角度找原因。大多数企业的经营困境，是因为企业市场营销失误造成的。正常情况下，通过营销策略问题分析和调整，企业会重新走上健康发展的轨道。而当正常的营销策略调整不能解决问题时，说明企业遇到了更深层次的问题，必须进行更深层次的业务变革，首要的就是赢利模式的变革。方明由于在前期没有摸索出这一规律，所以一直不得要领，找不到进一步解决问题的办法。

2. 传统经营管理模式背后，一定隐藏着深层次的经营管理行为决策模式。许多企业战略调整决策执行失败的深层次原因在于，战略调整方案没有涉及如何调整和改变经营管理人员根深蒂固的经营管理行为决策模式，大多数经营管理人员还处于人们常说的“惯性思维”模式之中，造成战略调整方案无法被各级经营管理人员有效执行，无法“落地”。

3. 模拟方法是决策研究中常用的工具，各级管理者要善于应用这一工具。本案例中，方明通过模拟计算得出：2001 年，如果工美大厦将效益低下的自营业务全部转变为联营业务，经营水平维持在 2000 年的水平不变，则工美大厦 2001 年将实现利润 1 347 万元，如不改变经营方式，则将亏损 510 万元。正是因为这个模拟分析，使得方明提出的赢利模式调整策略的未来成效看得见、摸得着，立即得到了各级管理人员的高度认同。

方明遇到了人生的巨大危机，进退维谷。时间很快就到了 2005 年元旦，方明百无聊赖，登高赋七绝一首：

朔气九州四海冷，
阴风万里千山枯。
奋当飞步逐红日，
携得骄阳照大都！

人生自古多磨难，笑吟诗赋向刀山！没想到这么一逼，倒把方明的诗意给激发出来了。

下一章，且看方明如何渡过劫难。

第十三章

百口莫辩，数析新股申购

——新股申购风险解析

话说新来的总经理董英为将年轻的方明作为打击目标，以为会一打一个准儿，谁知换了3个会计师事务所查方明的账都没查出问题来。

可董英为还是不死心。起初她认为，没有审出事儿来，那是因为方明水平太高，而且事务所不够专业；后来她认为，没有审出事儿来，那是因为工美这几个企业太穷，可能不值得方明下手。那一定得找到大线索！

“功夫不负有心人”，董英为终于找到了突破口。她发现方明居然领导着几个人在“炒股票”！董英为根本不懂股票，但她知道这东西动用的资金大，肯定藏的利益也大，断定方明的尾巴一定在这里！

董英为异常兴奋，立即组织人向检察院、南新市纪委、南新市国资委纪委以署假名的方式写检举信，诬告方明利用替公司炒股的机会为个人非法牟取数百万元利益！董英为认为，会计师事务所查不出来问题，那是因为他们手段不够，那就请检察院来查！于是，她利用与某位市领导的私人关系，下令检察院立案开查！

炒股的事情其实是这样的。方明被调到集团总部任副总经理主管财务后，发现公司的流动资金头寸一部分存银行定期，一部分存银行活期。由于公司资金并不充裕，既要解决交通银行9 700万元先还后转贷问题，又要应付下属企业流动资金短期拆借问题，经常会为了急用，财务部不得不将定期存款转为活期，所得回报仅是银行活期利息，资金运作效率较差。为此方明向领导班子提议，将这些钱应用于证券市场，以获取更高的利益。

方明认真研究了企业资金进入证券市场后几种形式的收益与风险。

1. 进入证券二级市场，直接炒股票。炒股票风险较大，可能获得高收益，不过一般企业不敢涉足。

2. 进入证券一级市场，参与申购新发行股票，等到上市后选择合适价位出手，以获取利润。多年以来，由于我国股票发行中的一级市场申购基本没有风险，只赚不赔，因而在很长一段时间内，它都是许多机构投资的热点。①

3. 国债回购。国债回购基本没有风险，但收益率相对较低，而且国债回购利率随市场变化大，许多时候高于银行活期存款利率，但低于1年期存款利率。如果市场行情好，运作得当，可能高过1年期银行存款利率。在目前的情况下，许多企业将流动资金头寸应用于此。

以上方式都是以企业的名义，自行运作资金，自行控制风险。企业资金存入自己的账户，受法律保护，证券公司不得挪用。

还有一种方式是企业不自己运作，委托证券公司运作，企业获取固定收益，名曰“委托存款”或“委托理财”。委托存款或理财，要求企业将资金存移到证券公司，企业同证券公司签订委托存款协议。实质上是将资金借给证券公司，由证券公司炒股票，证券公司给予企业高息。在这种方式下，资金进入证券公司账户，一旦证券公司无力归还，仍属于合同约定范畴，因此风险较大。实际操作中，

① 直到2002年5月，证监会改变新股发行方式，要求大多数企业在发行股票时，申购者必须要有二级市场市值才能参与申购。许多企业由于没有二级市场市值，才退出此领域。

证券公司为了吸引资金，往往给出较高利率，如果合同能正常履行，企业则能获得较高收益；但自从股市低迷以来，据说许多证券公司的委托存款业务都在赔钱，无法归还本金，只能同企业续签合同，还息不还本，导致双方共同被套牢。

由于公司资金需要随时使用，不便进行长期存款，所以方明建议公司进入证券市场，做一级市场申购和国债回购，因其基本无风险，还能在保证公司资金流动性的前提下，获得不错的收益。

毕竟这是新生事物，经过方明大量的讲解说服，该建议于 2000 年 12 月经集团班子会决定通过，并在 2000 年年底的工作会议上向全体与会人员通报。大约在春节后，开始正式操作。这几年下来，总共为公司赚了 389 万元的利润!

检察院一出马，自然力度不一样，立即查封了证券公司机房，调取交易数据，就是否有贪腐问题传唤证券公司相关人员，并到上海证券交易所调取相关数据。

方明“心里无鬼人自安”，一直忍耐着，他相信组织会给他一个公正的评价。

其实，到 2004 年 6 月中旬，检察院已完成调查，欲公布调查结论：方明没有贪腐问题。谁料董英为又组织人，将所谓“瑷玛制衣公司违规运作，造成国有资产流失”等问题，以非组织渠道，再次告到检察院，意图阻止检察院出结论。

董英为急火攻心，嘴上长得全是火泡。她亲自跳出来，直接对相关人员进行威逼利诱。如找到方明的下属，集团的财务处处长童仁，指着一份有方明和童仁共同签字的资金调拨单，劝童仁作证说这个签字不是他自己签上去的，而是方明伪造的，还威胁说童仁是方明的同案犯。但是终被正直的童仁拒绝了。

董英为不甘心，又直接找到为工美开户的证券公司营业部总经理马德，许诺只要他指认方明拿了3 000元回扣，她就找市领导提拔他为证券公司副总经理。再次被拒绝后，董英为又通过市领导找到证券公司的一把手，向马德施压。这个一把手迫于压力，亲自找马德调查方明是否受过贿赂。马德最后对他的领导说："我用人头担保，方明个人没拿过我们任何一点好处!"

董英为一个个阴招都被粉碎了，于是退而求其次，说"方明即使没有犯罪，也有错误"。她通过高层领导，指示检察院，要求工美集团聘请中介机构，对方明负责的证券运作事项进行审计。以此为契机，董英为花了35万元请了一个知名的会计师事务所，又花了9万元请了一个律师事务所，来罗织方明的"错误"，这在当年可以说是"重金"了。

方明总结了一下"专家们"在审计报告中罗织他的错误时，明显暴露的问题。一是基本事实有重大出入、显失公允的，就有12项

欲加之罪，何患无辞

之多。二是会计师事务所及注册会计师违背了独立性准则，在6处超越审计范围，发表了带有浓厚感情色彩的且有偏见的审计意见。三是在引用有关证据时，有3处断章取义，仅作不利引用。四是有3处法律引用不当，偷换概念。五是3处代替行政法实施主体，违法进行行政处罚认定。六是故意混淆财务、金融概念，做出重大错误判断11项之多。七是报告4处表述自相矛盾。举一个简单的例子：工美集团自有资金有3 000多万元，有时还有其他用途，每次能参与申购新股的资金可能还不足3 000万元。而因为申购新股不停地调入调出，“专家们”把每次参与申购的资金额加总，共计申购了1.9亿元，将其说成是方明“擅自挪用1.9亿元资金炒股”。将流水说成是资金总额，将申购新股说成是炒股票，故意偷换概念，真是“欲加之罪，何患无辞”！

方明这下彻底傻眼了，面对这些“专家们”精心罗织出来的如此多的问题，该如何去向领导解释呢？领导和群众可不是专家，怎么能看出这里面的猫腻呢？

方明沉下心来认真研究报告的逻辑。第一，报告将申购新股等同于炒股票，指出炒股票是高风险业务。领导和群众哪弄得清股票一级市场和二级市场的区别，肯定会有同感。第二，夸大资金投入规模，提出证券投资“本金累计高达1.9亿元”，将证券运作流水故意说成“本金”。通过以上两点，可能会在领导和群众心目中形成新股申购是一个有重大风险的投资事项这样的印象。第三，指责方明和董事长未履行决策程序就进行证券运作，但运作资金额度远远超越董事会授权投资审批额度。因为新股申购和国债回购业务是无风险常规投资，经董事会授权后，就可以不用“一事一报一决策”，但领导和群众如何能明白呢？第四，从国有企业“三重一大”制度[①]的角度，指责方明将资金私自挪向证券公司，是“大额资金使用不向总经理请示”。其实公司在证券公司的资金账户，如同公司在银行开立的资金账户，属于公司自己的账户，将钱存入公司的哪个账户，这是财务主管的日常业务决策，不属于“大额资金使用”，更何况还有董事会授权，可这些情况领导和群众如何能清楚呢？第五，针对本项目为公司赚了389万元利润这一点，他们计算了一下，如果将这些资金按银行贷款1年期利率贷出去，应赚439万元，所以说这个项目实际上是亏了50万元。先不说将这些钱贷出去合不合法，单说这些钱是流动头寸，根本不可能长期出借。报告还提了很多其他的混淆视听的问题，但都不是本质问题，可以不用理睬。

方明想，澄清自己的关键在于，如何说清楚新股申购不是炒股票，没有风险，也不是重大投资。只要说清楚这一点，这个报告反映的其他问题就不攻自破了。

用数据说话，而且只能用数据说话！空口无凭，方明开始认真分析新股申购的中签机理。

当年的新股发行，如某企业要发行6 000万股股票，发行价格为每股8元，一个申请单只能申请购买1 000股，则总共有6万个有效购买单。申请人只要向该企业的发行资金账户汇入8 000元，就可以获得一个申请单。假设最终所有申请人提交的申购申请为2 000万份，则须进行抽签来决定谁获得购买权，其中仅有6万个单能中签，即3‰的中签率。

① 国有企业“三重一大”制度，指重大事项决策、重要干部任免、重要项目安排、大额资金的使用，必须经集体讨论做出决定的制度。

由于市场上申购新股的资金量较大，能否申购上是靠抽签决定，且通常中签率为千分之几，而普通散户资金不多，只能买几个申请单，能否中签，全靠运气；但对于机构来说，假定的中签率3‰，只要申请资金足够多，能连续购买1 000个申请单，就能保证企业按中签率3‰而必然得到3个中签单，申购到3 000股股票。为此，机构要保证中签，必须至少有资金800万元，计算公式如下所示：

1000股×8元×1000单=800万元

申购过程中，机构汇出的800万元，由于仅能买3 000股股票，即真正能成为投资的钱仅为2.4万元，剩下的797.6万元在抽签结束后就退回机构账户，一般锁定期仅为3天。这个过程有严格监管，没有风险。因此真正形成的投资仅为2.4万元，而不是800万元，这对一个企业来说，可不是重大投资。

企业申购新股能否赚钱，关键是看该股票上市后，首日价格是否高于发行价格。高于发行价格，则申购赚钱，否则赔本。也就是说，只有那2.4万元投资存在赔钱风险，而不是800万元。

在中国股市，自2004年8月17日苏泊尔上市首日收盘价跌破发行价，开创我国股市先例以来，已知的首日跌破发行价的股票仅有5只。目前上市交易的A股总数，在沪深两市达到1 486只，上述情况发生的概率非常小，为0.34%。即使运气不好，单次有损失，损失金额也非常小，对所投本金不会产生较大风险。

假设我们用1亿元申购一只新股，每股发行价8元，该股中签率为3‰，则正常情况下，能有30万元最后投资买成了股票。而中国股市到目前还没有首日收盘价跌幅超过10%的股票，我们假定这只新股上市首日跌幅为10%，则我们将损失3万元。相对于1亿元的资金，3 万元的损失应该说风险很小，何况发生的概率还仅有 0.34%。根据风险决策理论，如果按概率计算，其产生风险的金额仅为 1 000 元，可以忽略不计，计算公式如下：

$$1\text{亿元} \times 3‰ \times 3.34\% \times 10\% = 1\ 000\text{元}$$

而且，新股申购是一个系列的多次小额投资行为，不能以具体某次的可能损失来看收益，而应将一段时期所有申购收益加总来看收益。在中国的股市，新股申购绝大部分都能赚钱，总体来讲可以说是没有风险的。

方明研究透了新股申购的机理后，问题又来了，如何去给领导和群众讲明白呢？全是数据，自己讲起来也费劲儿，领导可没有这么多时间听你说数字，群众更是听不明白，怎么办？

方明尝试着去找领导解释。由于当时多数人没接触过股票，什么一级市场、二级市场，一般人都不知道，而“炒股票有风险”却是众人皆知的常识。方明越解释，大家越觉得方明肯定有问题。

俗话说：“秀才遇上兵，有理说不清。”领导都听不明白，更不要说广大群众了。看来方明是“跳进黄河也洗不清了”，董英为非常得意，认为方明在劫难逃。

“遇到困难想办法”，这是方明的座右铭。自强不息、永不放弃，方明开始琢磨如何能够有效说服领导和广大群众。他想，董英为找的是专家出报告，以显示权威性，如果我能找一个权威的机构，将新股申购讲清楚，那董英为的报告就会不攻自破。方明想到了南新市国资委创办的一个双月刊《南新国资》，国资委系统的领导和基层单位人手一册，如能在上面发表一篇专业文章，那一定就成了。

方明立即着手写论文《企业短期资金理财几种方式的收益和风险比较》，并联系了《南新国资》编辑部投稿。由于题目新颖实用，立即被杂志采用，公开发表出来。以下为论文全文。

企业短期资金理财几种方式的收益和风险比较

企业在经营运作过程中，为了保证及时支付，都会在账上保持适当现金头寸，同时由于资金运用的时间性，也会出现短期闲置资金。由于我国大部分企业资金预算和管理水平不高，导致账上短期资金量巨大。而如何合理有效运用好这笔资金，将对企业绩效产生较大影响。目前企业短期资金一般有以下几种用法：存银行、买国债、委托理财、银行委贷、新股申购、国债回购。本文尝试着对这几种运作方式的收益和风险做一比较分析。

一、存银行

企业资金存银行主要有以下几种存法（参见表13－1）。

对于短期闲置资金，企业可以根据资金使用计划，采用定期存款。但由于定期存款锁定了资金的流动性，如果提前取款，利息按活期计息，会造成利息损失。许多企业为保证流动性，一般愿意选择3月期存款，到期再转存，年利率为2.88%。

对于结算头寸，由于随时可能花出去，许多企业就存活期，年利率为0.81%。企业可以根据资金使用计划采取通知存款，如1天通知存款，要求企业在用款前提前一天通知银行，但利率提高为1.17%，如果7天通知，则利率为1.71%。因此采用通知存款，既能保证资金流动性，又能获得比活期存款较高的收益。

表 13－1　存银行的几种方式

项目	年利率（%）
一、城乡居民及单位存款	
（一）活期	0.81
（二）定期	
1. 整存整取	
3 个月	2.88
半年	3.42
1 年	3.87
2. 零存整取、整存整取、存本付息	
1 年	2.88
3. 定活两便	按一年以内定期整存整取同档次利率打六折
二、协定存款	1.53
三、通知存款	
（一）1 天	1.17
（二）7 天	1.71

资金存入银行，风险主要在于银行的破产。由于我国企业的基本账户大多开在国有商业银行，有国家信用作为保证，同时银行资本金雄厚，发生破产的风险近期来看几乎为零。

二、买国债

国债一般期限较长，适合用长期资金购买。其收益率一般略高于银行相应的定期存款利率，如果持有至到期，通常没有什么风险。但如果用短期资金购买国债，则未到期可能就得在市场上出售，而由于市场的变化，则有可能面临利率风险。

三、银行委托贷款

银行委托贷款，实质是企业将资金贷给其他企业，银行作为中介收取手续费。银行在其中的角色，仅是作为中介，不是信用担保方，一旦借款企业无力还款，银行不承担连带还款责任。因此银行委托贷款，实质上是企业与企业之间的借贷关系，没有银行信用作为保证，风险较大。

银行委托贷款的收益，一般来说为当期银行贷款利率适当上浮，当然该收益会远大于将钱存入银行的收益。目前银行1年期贷款利率为7.29%，可适当上浮30%。一般情况下，企业委托贷款利率如高于银行正常贷款利率部分，借款方在纳税申报时不能计入成本，应做纳税调整。

四、非银行金融机构委托理财

目前，证券公司、期货公司、信托投资公司等非银行金融机构，都提供许多委托理财产品和服务。不少理财产品还承诺较高的预期收益率，高于银行贷款利率，会对不少企业产生吸引力。巨额资金存入非银行金融机构，其面临的风险主要为以下几种。

1. 存入证券公司、期货公司中的客户保证金。因其资金所有权还是属于客户，其资金安全有《刑法》等相关法律保护，风险相对较小。但近几年，由于出现挪用客户保证金事件，导致一些金融企业破产，客户保证金无法全额清退，使客户遭受损失。

2. 购买这些机构的金融理财产品和高息存款。购买后，资金不再属于企业，所有权将转移到这些金融机构，企业同金融机构形成合同关系，其资金的安全仅受《合同法》保护。也就是说，企业不得不面临这些机构的经营风险。而非银行金融机构是高收益、高风险行业，企业购买其理财产品，必然也将面临该产品运营的风险。

五、申购新股

证券市场分为发行市场（一级市场）和交易市场（二级市场），申购新股属于发行市场范畴，不是二级市场行为，不属于“炒股票”。只要企业资金足够多，就能保证企业按中签率必然申购到股票。由于市场上申购新股的资金量较大，所以能否申购上是靠抽签决定，通常中签率为千分之几。理论上说，对于千分之几的中签率，只要企业能购买连续号 1 000 个，就可以保证中签。如一只发行价为 8 元的股票，每份申购号可购买 1 000 股，则企业要保证中签，必须有资金 800 万元，计算公式如下：

1000 股 ×8 元 ×1000 个号 =800 万元

企业申购新股能否赚钱，关键是看该股票上市后，首日价格是否高于发行价格。高于发行价格，则申购赚钱，否则赔本。由于实践中存在新股一上市即跌破发行价的情况，因而理论上申购新股存在风险。但通过深入分析可以发现，申购新股的风险基本为零。

1. 单次投入风险较小。首先，新股上市首日跌破发行价的概率非常小。从理论上分析，为了保证股票的顺利发行，同时使股票上市后有一个较好的表现，企业在确定发行价的时候都会给二级市场留出一定空间。从实证分析看，中国股市中，2004 年 8 月 17 日苏泊尔上市首日收盘价跌破发行价，开创了此种情况的先例。从网上搜索到的资料显示，已知的首日跌破发行价的新股目前仅有 5 只，而沪深两市上市交易的 A 股总数达到 1 486 只，因而发生上述情况的概率非常小，仅为 0.34%（参见表 13 –2）。

表 13－2　上市首日即跌破发行价的股票

股票	发行价（元）	开盘价（元）	收盘价（元）	收盘跌幅（%）
中国国航	2.8	2.8	2.8	（最低 2.75 元）
苏泊尔	12.21	12.21	11.20	8.3
宜华木业	6.68	6.68	6.34	5.1
美欣达	12	11.58	10.92	9
济南钢铁	6.36	6.36	6.37	（最低 5.70 元）

其次，即使单次申购有损失，损失金额也非常小，对所投本金不会产生较大风险。假设我们用 1 亿元申购一只新股，该股股票中签率为 3‰，每股发行价为 8 元，再假定这只股票上市首日的跌幅为 10%（中国股市到目前为止还没有首日收盘价跌幅超过 10% 的股票），我们的损失仅为 3 万元，应该说风险很小。

2. 从一段时间来看，风险几乎为零。短期资金运作，一般都应以一个时间段来考察。由于新股上市首日跌破发行价的概率非常小，以一段时间来算，即使碰上一只，损失也非常有限，所以总体来看肯定赚钱。

3. 随着中国政府对股市监管的不断完善，过去在操作层面上可能存在的风险也会得到消除。资金实现第三方银行托管，保证金不用再存入券商资金账号，申购完成后直接回到企业在银行的账号上，避免了保证金被挪用的风险。而申购股数基本没有限制；也不用再像过去借用别的股东账号进行申购，使手续更加完善。

申购资金一般锁定 3 天，3 天后未申购上股票的资金，即绝大多数［（1－中签率）×100%］的资金就会退回到企业账户上，不影响企业的周转和流动性。

六、国债回购

国债回购交易，是指证券买卖双方在成交同时就约定于未来某一时间以某一价格再进行反向成交的交易，是一种以有价证券为抵押品，拆借资金的信用行为。其实质内容是：证券的持有方（融资者、资金需求方）以持有的证券作抵押，获得一定期限内的资金使用权，期满后则须归还借贷的资金，并按约定支付一定的利息；而资金的贷出方（融券方、资金供应方）则暂时放弃相应资金的使用权，从而获得融资方的证券抵押权，并于回购期满时归还对象抵押的证券，收回融出资金且获得一定利息。

国债回购交易的对象是证券交易所，安全性高。证券交易所一般设有3天、7天、14天、28天、91天、182天的回购品种，企业可根据资金闲置时间进行选择，流通性强。

国债回购收益率随市场变化而变化。通过较长一段时间平均来看，一般高于活期存款利率，而低于1年期存款利率（参见表13－3）。

表13－3　几种理财方式比较

方式	风险	收益	流动性
存银行	几乎为零	较低	定存，流动性较差
买国债	提前卖出有利率风险，总体风险较小	较低	较差
委托贷款	企业信用风险，总体风险较大	较高	较差
委托理财	金融企业信用风险，总体风险较大	较高	较差
新股回购	几乎为零	较高	好
国债回购	几乎为零	较低	较好

方明的文章一经发表，立即起到了预想的效果。广大干部群众明白了新股申购是怎么一回事，而董英为的所作所为大家也就一目了然了。

“人间正道是沧桑。”自担任领导以来，方明特别重视品德的修养，坚信必须毫无私心才能光明磊落地带领干部群众一起干事业。特别是作为财务领导，这是一个高风险的专业领导岗位，职业道德更是重要的护身符。为此方明始终奉行两个原则：一是廉洁奉公，身正不怕影子斜；二是恪守财务的职业谨慎，依法依规行事。最终，检察院澄清了各种诬告，别有用心的人没有抓住任何把柄。2005 年 1 月 26 日，国资委党委书记和国资委纪委书记亲自到工美主持临时党委会，宣布检察院的结论，并提出恢复方明的工作。

但是董英为这种人不达目的如何能罢休？她拒不落实国资委精神，不恢复方明工作，也不向工美集团广大干部说明真相、消除影响。

由于董英为身后有某市级领导撑腰，国资委无奈之下，于 2005 年 6 月，决定将方明调出工美集团，到一个特别小的公司任副总经理。

消息一出，许多干部群众为方明鸣不平！不少人劝方明离开国企，要么出国要么下海。

但方明却说：“不畏浮云遮望眼。”从这件事上，他更多的看到了国家的希望！第一，检察院的同志顶住了高官的压力和干扰，客观判断案件，这说明我们党和国家的基本体系是好的，是健康的。第二，在市场经济高速发展的今天，童仁和马德在威胁与利诱面前，选择了正义和良知，正是这么一大帮人，撑起了中国社会的脊梁，是中国的希望！第三，许多领导和同事对方明的支持与理解，更是体现了我们社会公道正义的主流力量。方明说："中国社会没有丧失公道和正义！古今中外哪个社会都有坏人，这次是我运气不好，碰上他们了。"

许多人想不明白，方明居然愉快地服从了组织安排，走马上任去了。

决策点评

方明面对危难，沉着应对，最终将百口难辩的新股申购问题说清楚，使广大干部群众真正理解了问题的性质，从而证明了自己的清白，确实不易。总结他的经验，主要有以下 3 点。

1. 用数据说话。当时大多数人没接触过股票，对什么是一级市场、什么是二级市场都不明白，更不用说对其中的风险进行区别看待了。然而"炒股票有风险"，却是大家的共识。人们认为新股申购也是炒股票，就一定有风险。如果仅从概念到概念去解释，是无法讲清楚的。方明用数据说话，将具体的解释过程加入数据进行分析，使大家真正明白了，新股申购既不是重大投资，也不是炒股票的高风险行为。

2. 利用媒体优势。数据解析的东西，凭嘴讲，别人很难听得清楚，而且方明也很难向每个人去一一解释。他成功利用期刊发表文章，解决了这一难题。

3. 修德明法，恪守职业道德。身正不怕影子斜，明德守法是正义战胜邪恶的根本要义，也是领导干部取信于广大群众的基本点。

本案例在决策技巧方面，也给了我们有益的启示。

1. 决策用数据说话，首先是一个决策文化问题。只有建立起“用数据说话”的决策文化，我们各企事业单位领导才能在决策过程中自觉积累、分析和利用数据来进行决策。建立“用数据说话”的决策文化，是提倡、推行科学决策的基础。

2. 对待风险不能人云亦云，要认真进行量化分析。人们习惯于通过经济社会生活中的常识去判断风险，由于不能量化分析，经常是自己吓唬自己，往往会错失许多机会。俗话说：“艺高人胆大。”具体到经营管理上，其实是说“艺高”的人，能突破常识，比常人更准确地理解和把控风险，所以他们才“胆大”，敢干大家不敢干的事。而能突破常识，关键在于将风险数量化。

3. 方明将大家认为高深的新股申购决策中的风险，成功进行了数量分析，其所用的技巧可称为“带数穿行试验法”。所谓带数穿行试验法，就是模拟一次具体的业务运作，将数据带进去，一个步骤一个步骤地进行计算，得到具体的过程量，从而通过对各过程数据量的分析，对该事项进行风险分析和判断的方法。方明假设用 1 亿元资金进行新股申购，先算出真正能形成投资的仅为 30 万元，使大家明白了不是投资了 1 亿元；进一步计算出这 30 万元投资如果面临风险，可能的损失仅为 3 万元；再进一步指出，由于历史中买成新股亏损的可能仅有 5 次，从而在总体上肯定新股申购没有风险。带数穿行试验法，是解决复杂问题数量化分析的一个重要方法。

时光转瞬到了 2005 年中秋，方明晚上到陶然亭赏月，不禁诗意盎然，赋《西江月》一首：

夜探陶然秋色，恍惊又过二年。长风吹皱碧湖寒，垂柳招摇水面。

圆月如今正亮，我心到处悠然。澄光亭下水如天，倒映霓虹片片。

看来，方明在这个小单位待得还挺“悠然”。他难道就在这里一直待下去了？

第十四章
国际倾轧，解开巨亏迷局
——东方公司国际竞争与巨亏迷局分析

上一章讲到，方明处于人事斗争的旋涡中，已无法在工美立足。但这反而让方明因祸得福，让国资委领导了解到还有这么一个好干部。方明虽然面临巨大的危难，但他一直相信组织是公正的。今天，习近平总书记大力反贪反腐，狠抓党风建设，真是太有必要了！

组织是公正的。2006 年 3 月，方明迎来职业生涯的重要转机。由于市属另一大型企业集团东兴控股公司出现巨大经营危机，市里急需一位既懂财务又懂资本运作的领导去出任副总经理。国资委推荐了方明等两人供主管副市长面试挑选，方明最终被选中任用。市领导决定，立即将方明调到东兴集团公司任副总，主管财务，并同时给了他任务："去弄清楚东方公司到底是怎么回事。"领导还特意交代，只能私下调研，不能动用东兴控股资源，以免企业领导误认为市里对他们不信任了，影响士气。

此时的方明，只知道东方公司是东兴集团下属最大的子企业，其余一概不知。东方公司怎么了？这是首先要弄清楚的问题。

到了东兴集团以后，这个问题很快就清楚了。进入 21 世纪，世界上的显示产品以平板液晶屏为主流，发展迅速。而中国没有自己的相关工厂，全部依赖进口。2005 年，在市政府的支持下，东方公司投资 120 亿元建成的中国大陆第一条液晶屏生产线开始量产。但谁料投产之日，就是巨亏开始之时！当年东方公司就亏损 16 亿元。到 2006 年，公司的现金流开始枯竭，急需注资 18 亿元，否则现金流就要断了！情况万分危急！

开局巨亏，这与投资前可行性论证结论——投产即赢利，真可谓相差十万八千里。东兴集团和东方公司的解释是，由于液晶产业周期的问题，现在处于全行业亏损的阶段，度过这一时期就会好起来。

未来一定会好吗？可能除了东方公司的首席执行官汪先达外，全市人民都不相信，就连东兴集团内部的大多数人也不相信。而且对于市政府继续支持东方公司，反对的声音很大。

大多数的论调是，液晶产业已被国外企业垄断，东方公司团队没有能力、没有可能干成这件事，这是一个无底洞，市政府被忽悠了！同时，不少学者认为，液晶产业是个完全竞争性产业，市财政资金是纳税人的钱，原本就不该投资支持东方公司这个国有企业去发展该产业。还有许多人认为东方公司根本就没有能力、没有核心技术，未来进一步发展也存在大问题……

怎么办？这下方明真着急了！事关一个产业和一个企业集团的

我该调研什么问题

生死，自己作为一个外行，必须在短时间内对以上问题有个清晰的判断，这真是自己职业生涯的一次重要挑战和考验。于是，方明默默地开始了自己的调研和分析工作。

一个月后，市领导听取方明的汇报，方明给出了自己的结论性意见：东方公司的巨额亏损是国际竞争对手联合打压的结果！

方明说："我没有直接证据，但有间接证据。第一，东方公司的主导产品17英寸液晶屏，自东方公司量产以来一年之内，售价从325美元直降至125美元，暴跌200美元，折价近2/3，这不符合产业的正常发展逻辑。第二，我进行了调研分析，只要是我们生产的产品，单位面积就会售价最低，降价速度也最快。这证明，国际竞争对手想要把我们国家的第一条液晶生产线扼杀在摇篮里！"

方明在调研中也曾一度迷茫，不知如何突破。大家反映和议论的问题很多，方明认为最关键的问题是必须找准东方公司巨额亏损的关键原因。在调研中发现，东方公司巨额亏损单从经营上分析的原因就很多，东兴集团和东方公司有不少人指出，由于液晶产业在我国从无到有，刚开始生产，没有原材料、零配件的配套生产与研发能力，造成东方公司原材料与零配件采购成本比国外竞争对手高出10%～15%，这是东方公司巨额亏损的主要原因。更有许多人将东方公司目前的困境，归因为公司团队能力不够，所以无法在国际竞争中取胜。如果是进货成本问题，那通过我们的努力，假以时日，是有出路的；但如果是团队经营能力有问题，那就很难办了。

在同东方公司的首席执行官汪总的交谈中，方明发现，汪总有事业心、有激情、有领导才能、有大局观，而且还有很强的国际竞争意识，是国有企业中难得的大企业家。东方公司团队在他的领导下，也很有进取心和责任感。为此，方明还调阅了东方公司团队对外合作中的重大协议，发现他们的确很专业。方明因此得出判断，东方公司巨额亏损不是因为公司团队没有能力，一定另有隐情。

是产品成本问题？多数人认为，这是东方公司巨亏的根本原因。但方明通过自己的调研分析认为，这并不是东方公司巨亏的主要原因。方明调查了解到，东方公司的主导产品 17 英寸屏，在当时的 BOM（物流清单）成本为 89 美元，变动成本为 97 美元，固定成本为 37.6 美元，生产总成本为 134.6 美元，由计算可知，东方公司的生产总成本相当于 BOM 成本的 1.51 倍。方明还了解到，虽然东方公司的 BOM 成本比国际主流生产商高出 10% ~15%，但在人工成本和某些其他成本项上，还是有一定优势的。国际主流生产商的生产总成本相当于东方公司 BOM 成本的 1.4 倍，即 125 美元左右。正常情况下，产品应至少保持 15% 左右的毛利率，即国际主流生产商的产品正常定价应为 144 美元左右，有大约 19 美元的产品利润，而东方公司应该有 9 美元左右的产品利润。现在的问题是，国际产品价格从投产前的 325 美元，一年内很快下降到 125 美元，正好是国际主流厂商的盈亏平衡点！因此方明得出结论，成本问题不是导致东方公司亏损的主要原因，价格不正常暴跌才是问题的关键。

方明很快锁定了东方公司主导产品价格不正常暴跌这一线索，终于找到了问题的突破口。

方明通过朋友，千方百计地从外企的资料中找到了相关数据。他给领导提供了几个分析图表。图 14 - 1 为方明绘制的东方公司所生产的产品价格趋势与其他液晶面板产品价格趋势示意图。从其中可见，只要是东方公司生产所涉及的产品，降价速度非常快。

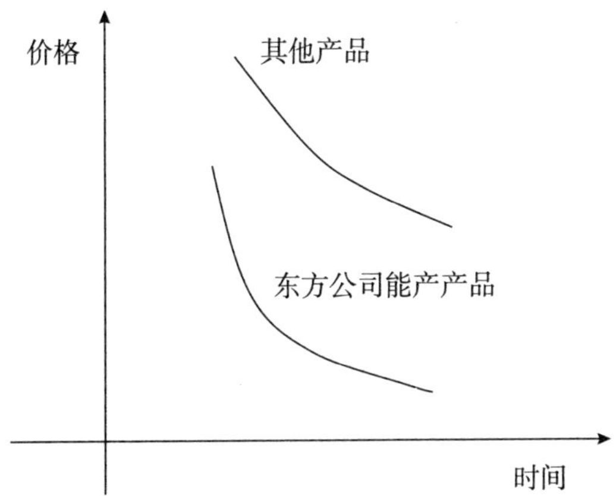

图 14－1　东方公司产品降价曲线

先从产品平均售价变化看。2005 年 9 月～2006 年 4 月，世界主要液晶面板生产商产品平均售价（ASP）变化如表 14－1 所示。

表 14－1　世界各厂商平均售价变化

	2005 年 9 月～2006 年 4 月 月复合下降率（%）	2005 年 9 月～2006 年 4 月 增长率（%）
友达光电	－2	－11
东方公司	－5	－26
奇美电子	－3	－17
中华映管	－4	－20
瀚宇彩晶	0	－25
群创光电	－5	－26
LG－菲利浦	0	－1
科迪亚	0	－2
三星公司	1	－4
上广电	－5	－28
总计	－1	－9

2005 年 9 月~2006 年 4 月，国内仅有的两家液晶平板企业东方公司以及稍后在上海投产的上广电的产品平均售价，前者下降了 26%，后者下降了 28%，而国际排名第一位的三星公司还上升了 4%，第二位的友达光电仅下降了 11%。东方公司和上广电的月平均售价复合下降率为 -5%，为同行最高，而三星公司则上升 1%。

同样，从企业单位面积产品销售收入（RPA）变化看，如表 14 -2所示，2005 年 9 月 ~2006 年 4 月，东方公司下降了 54%，月复合下降率为 12%，为业界之最。而世界第一的三星公司在这期间仅下降 8%，月复合下降率为 1%；友达光电在这期间仅下降 16%，月复合下降率为 3%。

表 14 -2　单位面积产品销售收入变化

	2005 年 9 月 ~2006 年 4 月 月复合下降率（%）	2005 年 9 月 ~2006 年 4 月 增长率（%）
友达光电	-3	-16
友方公司	-12	-54
奇美电子	-8	-39
中华映管	-3	-18
瀚宇彩晶	0	-16
群创光电	-6	-31
LG - 菲利浦	-3	-16
科迪亚	-0	-4
三星公司	-1	-8
上广电	-7	-34
总计	-4	-19

并且，东方公司的主要产品 17 英寸显示屏的价格还在不断下降。在方明写分析材料时为 125 美元，而到他汇报当天，均价已降

至110美元。

由此方明得出结论：国际竞争对手是想把我国的民族液晶产业扼杀在摇篮里！由于我国企业的资金和技术问题，东方公司和上广电都各只有一条5.5代的生产线，只能生产电脑用屏，主导产品为中小尺寸的15英寸、17英寸显示屏，产品单一，生产规模小。国外竞争对手抓住这一弱点，将价格降至盈亏平衡点以下，对东方公司能生产的主要产品线进行大规模压价，开展不对称竞争，而东方公司则无力还击，只能被动挨打。由于价格过低，造成东方公司出现巨额亏损，现金流难以为继。因此说东方公司的巨额亏损是国际竞争对手联合打压的结果。

为此，方明得出另一个结论：东方公司要想摆脱目前的竞争困境，必须完善产业链和产品线，从而扭转竞争劣势。

针对市政府应不应该支持东方公司的产业发展这一问题，方明也向领导进行了与众不同的分析汇报。

首先，液晶屏是现代产品的基础部件，因为未来产品发展的趋势是要加装“心脏”（智能化、芯片）和“眼睛”（可视化、屏幕）。目前，我国单一产品花费外汇巨大的项目，第一是石油，第二就是液晶屏（从方明当时的观点来看，智能化、可视化是产品未来升级换代的两大趋势；而从今天的科技发展来看，至少还应加上物联化，即要实现万物互联互通）。

其次，从西方经济学观点来看，财政投入的绩效要看它创造了多少消费者剩余。所谓消费者剩余，以中国市场的17英寸显示屏为例，在市场正常竞争状态下，消费者购买一块屏需要付出325美元。由于财政投入支持东方公司的投产，触发了国际竞争对手的大降价，每一块屏降价200美元，消费者购买一块屏仅需要付出125美元，即中国消费者每买一块屏就获得了200美元的消费者剩余。这就是财政投入的绩效。简单推算，2005年中国市场销售电脑1 870万台，2006年当年预计销售2 100万台。假设这些电脑的屏幕都为17英寸屏，则由于市政府对东方公司的投资行为，2006年将为中国消费者创造40多亿美元的消费者剩余。东方公司通过10多亿元人民币的亏损，创造了200多亿元人民币的消费者剩余，这就是东方公司的价值，也是民族产业的价值。

方明向市领导汇报后不久，市领导站在更高层面提出，东方公司的液晶屏产业是国家战略产业！东方公司也在市政府的支持下，当年即获得了急需的18.6亿元增资。并且在市政府领导的大力支持与努力下，液晶产业发展被列入了国家“十一五”电子产业发展规划，成为国家战略产业。东方公司由此进入了黄金发展期。

方明关于国际竞争对手联合打压我国民族液晶产业的论证，由于当时没有直接证据，被不少人讥笑为“阴谋论”。2013年1月4日，国家发改委查实并公告称，2001—2006年的6年时间里，三星、LG、奇美电子、友达光电、中华映管、瀚宇彩晶6家企业，在韩国和中国台湾地区共计召开53次“晶体会议”。会议基本每月一次，主要议程是交换信息、协商价格，其中的关键一条是在中国大陆销售液晶面板时，几家一起作价，联合操纵市场。而且在随后几年的时间里，“晶体会议”成了6家企业商谈价格、操纵价格的常态。“最起码有13次以上的大型会议，都商量了每一次下个月的全球面板市场的所有尺寸的价格。”①

---

① 中广网北京2013年1月5日消息（记者季苏平），据中国之声《新闻和报纸摘要》报道。

决策点评

本案例中，方明成功地为市领导提供了相应的决策支持。从决策的角度看，其成功之处有3点。

1. 方明将东方公司面临的决策问题，高度抽象为三个问题：一是东方公司巨额亏损的原因为何；二是东方公司巨额亏损的出路何在；三是财政应不应该支持液晶产业发展。由于众说纷纭，东方公司当时面临的决策问题很多，各层级领导要求回答的问题也较多，涉及各个方面，但方明经过认真调研思考，抓住了以上三个核心问题进行调研分析。

2. 方明坚持用数据说话，不人云亦云。绝大多数业内人士都将东方公司巨亏的原因归结为公司本身的成本劣势，方明却没有随波逐流，而是用数据说话，认真分析成本与价格的数量关系，最后将问题关键聚焦到价格不正常暴跌上。价格异常变动，不正常暴跌，揭示出这背后隐藏着的垄断企业不对称竞争博弈理论模型。以此作为钥匙，方明破解了东方公司巨额亏损之谜。本案例进一步说明，对问题的准确定义，对于解决问题十分重要。

3. 应用消费者剩余这个概念，作为政府投入绩效评价的模型，是这次成功进行决策支持的又一个关键。许多人，包括不少学者，依据西方经济学理论提出，液晶产业是个完全竞争性产业，财政收入作为纳税人的钱，应该服务于纳税人，不该投资支持亏损的国有企业去做这个产业。巨额亏损、现金流即将枯竭的东方公司，如果没有政府的支持，肯定会因现金断流而无法坚持下去。方明敏锐地将政府是否应该支持东方公司的问题，抽象成财政支出绩效如何评价的问题。而且针对反对者的立论论据大多出自西方经济学理论这一特点，“以子之矛，攻子之盾”，应用西方经济学的消费者剩余这个概念，作为政府投入绩效评价的理论依据，很有力地说明了政府支持东方公司发展液晶产业的必要性和重要性。

本案例也启示我们，面对日益复杂多变的经营环境，作为高层管理者，决策难度越来越大：一是问题越来越难以清晰定义，二是方案的评价标准越来越多样化。很多观点听着很有道理，却让人感觉似是而非，雾里看花，无从决策。为此，熟练掌握现代经济管理理论，并创造性地将其应用到决策实践，成为现代企业家经营决策的重要法宝。本案例中，方明熟悉并创新性地应用企业产品定价模型、现代西方经济学的垄断企业不对称竞争博弈理论和消费者剩余概念分析问题，是其成功实现决策支持的重要基础。

方明重获组织重用，到了更大的企业集团工作，心里非常高兴。时值初春，畅游颐和园，即景赋七绝诗一首。

西堤古柳和风徐，
老干新芽小鸟嘻。
青水微寒飞百鹭，
嫩苞欲出露千姿。

但方明的路还很长，还有很多问题等着他呢。让我们继续往下看，方明又将面对什么样的新挑战。

第十五章
战略谋划，构建内部报表
——东兴集团内部报表体系构建

解开东方公司亏损迷局，仅是一个具体的工作任务，作为在一个大型企业集团主管财务与投资的副总裁，还有许多事情等着方明去做呢！

东兴集团过去是市里主管全市电子工业的一个委办局，后来改制为产业控股公司。公司从业人数约 23 000 人，离退休人员近 80 000人。全公司共有企业 238 个，包括二级企业 28 个，其中二级集团就有 13 个。

2000 年以来，随着我国改革开放战略的深入实施，东兴集团所属的电子行业首当其冲，进入完全竞争市场。与东兴集团相类似的企业大多为曾经的电子部直属企业下放到南新市的，都是传统国有大企业。由于产品老化、技术落后，企业机制不灵活，导致全行业都面临经营危机。东兴集团对下属企业的管理还基本沿用过去行政管理的思路，主要管二级企业领导班子人事任免、管上级精神的贯彻落实，而在企业经营上，无法给予下属企业战略指导。各企业只能各自为战，各自突围，是否能在竞争大潮中生存下来，只能各凭本事、各看命运了。几乎所有的企业都选择将富余厂房出租，收取一部分收益，以补贴产品经营不足。有不少企业甚至面临经营困局，干脆卖房子卖地，但由于经营依旧不振，卖房子卖地的钱很快就花光了。

看来，必须在战略上为这些传统老国企摆脱生存危机指明方向和道路。方明开始紧迫地思考这个问题。

方明想，必须先弄清楚企业的生存现状，即整个集团当前是靠什么生存下来的。有工美大厦扭亏策略研究的经验，方明自然首先想到了对企业利润实现模式进行分析。

方明了解到，集团各企业主要的利润来源，一是产品经营收入，二是租房的房租，三是通过对出租后的房屋进行物业管理获得物业收入。为此，方明上任伊始，就开始安排财务部计算上一年度各企业以上三项收入的获利情况。

但财务部经过调研认为，根本不可能计算出上一年度的这些数据。对于房租和物业收入，各企业核算科目不一致，有的计入主营业务收入，有的计入其他业务收入；而且其相应发生的成本，如相应的人员、折旧和管理费用，根本没有单独核算，许多企业混在管理费用大账中，无法区分出来；当然更没有对房租和物业收入单独核算营业利润。同时，企业多，企业层级也多，最多的达到 6 级，重新去梳理上一年的数据，工作量巨大，还不一定都能按要求干好，得出的数据也不一定准确。

没有数据，也不可能凭感觉做决策啊。方明决定从头建立起一套内部报表体系，来反映企业目前的生存状况。

首先，要确定报表结构。这对方明来说是最简单不过的事情了，因为需要什么数据，方明很清楚。先确定集团总部的报表结构格式，然后再由此确定各企业填报格式。这套报表的核心就是要分清各企业的收入与利润的结构，按产品经营、房租和物业 3 个业态进行分析报告，以供决策分析之用。

如表 15－1 所示，这实际上是根据企业的经营业态结构，对利润表进行细化。这样既能反映收入利润的企业结构，又能反映收入利润的业务结构。其中特别加入各业务毛利率的分析，有助于进一步分析各业务的赢利能力状况。同时，由于东投集团规模很大，其经营规模占东兴集团总体的一半以上，因而在合并报表数中，东投集团的权重过大，将影响对其他企业总体状况的分析。为此，在合并报表数中，特别列出扣除东投集团的数据，以利于对其余企业总体状况进行分析把握。

表 15－1　收入利润分析结构　（单位：万元）

项目	各二级企业	二级企业小计	集团本部	合并报表数	
				集团总数	不含东投集团
主营业务收入				965 764	291 991
其中：产品				869 088	202 528
房租				38 566	33 145
物业				4 088	2 296
其他				54 022	54 022
主营业务毛利润				124 075	68 672
其中：产品				88 465	35 840
房租				28 897	26 163
物业				1 024	982
其他				5 689	5 687
主营业务毛利润率（%）				13	24
其中：产品				10	18
房租				75	79
物业				25	43
其他				11	11
加：其他业务利润				10 301	4 637
减：三项费用合计					
其中：营业费用				24 017	10 164

（续　表）

项目	各二级企业	二级企业小计	集团本部	合并报表数	
				集团总数	不含东投集团
管理费用				89 007	59 237
财务费用				29 449	4 948
减：其他				-6 703	-35
加：投资收益				24 122	1 948
营业利润				22 729	943
加：营业外收支净额（净支填负）				16 219	2 243
其他收支净额（净支填负）				2 212	2 212
利润总额				41 160	5 399
净利润				7 094	1 852

其次，要统一会计核算方法，这是这套内部报表能否高质量报送的基础。一是要求将房租和物业收入统一在主营业务收入中核算；二是要求主营业务收入要分明细，分出产品销售收入和房租、物业收入；三是成本核算也要相应分出明细，分出产品经营成本和租房、物业管理成本；四是毛利润计算，要单独计算产品经营毛利润和租房、物业管理业务毛利润；五是要求从2006年年初开始，各月会计账要按以上要求进行相应调整。

最后，进行大规模的培训讲解。这套内部报表，不仅是做报表本身，关键在财务核算上会给各企业增加很多工作量。如果不做好说明、宣传工作，下属企业意见会很大。因此要做好相应的培训工作，以统一核算方法和口径，确保形成组织保障。

“功夫不负有心人。”这套报表从2006年6月开始建立，到2006年12月，全年预计一出来，情况就非常清楚了。表15－1所示数据即为2006年全年预计数据。

由表15－1可知，集团整体总收入预计为96.6亿元，其中产品收入87亿元，占总收入的90%；房租和物业收入合计为4.3亿元，仅占总收入的4.5%，显得微不足道。但是从毛利润贡献来分析，集团总的毛利润为12.41亿元，产品创造毛利润8.85亿元，占总毛利润的71%；房租和物业收入创造毛利润2.99亿元，占总毛利润的24%。也就是说，房租和物业以占4.5%的收入，创造了24%的毛利润。

再进一步看，如果扣除东投集团的数据，其余企业的数据更能说明问题。其余企业总收入预计29.2亿元，其中产品收入20.3亿元，占总收入的70%；房租和物业收入合计为3.5亿元，仅占总收入的12%。但是从毛利润贡献来分析，其余企业总的毛利润为6.87亿元，产品创造毛利润为3.58亿元，占总毛利润的52%；房租和物业收入创造毛利润2.71亿元，占总毛利润的39%。也就是说，房租和物业以占12%的收入，创造了近40%的毛利润（参见图15－1和图15－2）

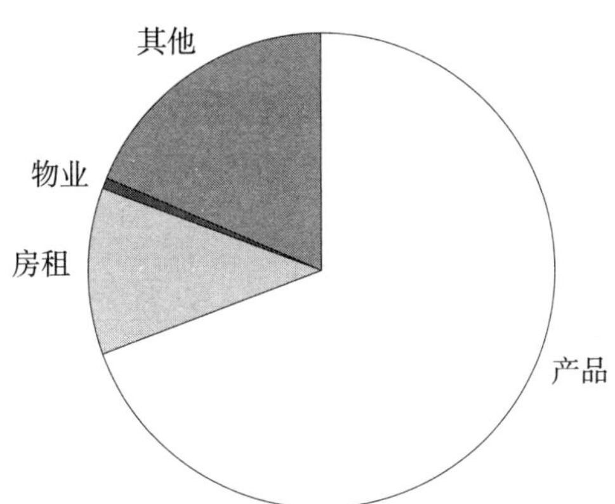

图15－1　除东投集团外各企业业务收入结构

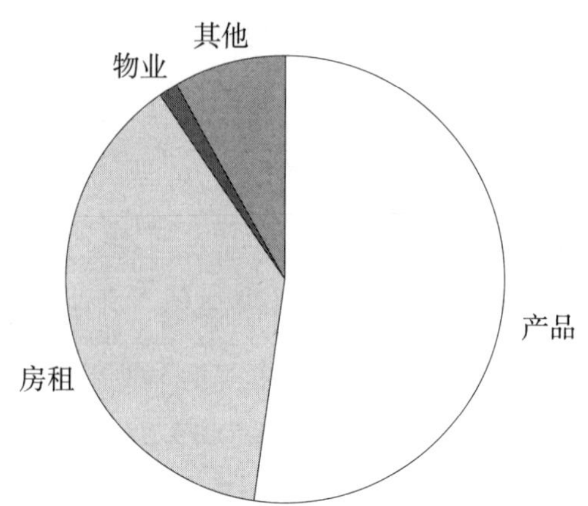

图 15－2　除东投集团外各企业业务利润贡献结构

通过以上分析，方明向董事长刘自成提出了具有战略性的建议。

除东投集团以外的企业，其房租和物业收入虽仅占 12%，却创造了近 40% 的毛利润，说明房屋出租和物业管理已成为多数企业生存和发展的基础，是企业生存和发展的战略性业务。

但多数企业还没有对房屋出租和物业管理业务采取足够的重视，还将其作为一个辅助性业务而任其自生自灭，随意为之。由于多数企业过去一直以产品生产经营为主营业务，企业主要的人力、物力和财力都投入产品生产经营中，对房屋出租和物业管理业务重视不够。房屋出租业务还主要是将企业生产经营的剩余空间进行现状出租，园区没有统一规划，也没有投入改造。招租业务没有规范管理，对租客的业务范围没有定位要求，租金水平随意性大。而且房租出租业务和物业管理业务一般由后勤代管，没有专门的经营管理部门，管理人员都是过去的后勤管理人员，一般为过去企业生产经营主战场上淘汰下来的人员，业务素质普遍偏低。这就造成全集团房租水平较低，目前平均房租仅为每天每平方米 0. 96 元，远低于全市平均水平。

为此，方明建议集团公司将园区地产业务作为东兴集团的战略产业，列入集团“十一五”发展规划，大力加以发展；要大力培养园区地产管理人才，打造企业园区地产优秀管理团队；要加大园区地产业务的整体策划，加大资金投入，发展精品科技园区、精品文化园区和精品商务园区；要将园区地产业务发展指标和管理水平纳入集团对企业的考核体系之内，加大集团对该项业务发展的指导和考核力度。

内部报表是战略的重要依据

刘自成董事长很快采纳了方明的建议，提出了整个集团双轮驱动的发展战略，即科技产业和园区地产业二业并举、双轮驱动。

战略明确了，企业就找到了方向，纷纷将精兵强将配置到园区建设业务线上，成效很快便显现出来。许多企业就此摆脱生存困境，科技产业发展也获得了新的资金支持，企业进入了良性发展轨道。至 2010 年年底，全集团当年房租和物业收入达到了 15 亿元。

战略明确了，并不等于战略就能顺利实施，考核体系的设计，是推动战略实施的重要工具。刘董事长立即安排人力资源部门重新做一套对下属企业负责人的薪酬考核办法。可是人力资源部门拿出了一套办法后，刘董事长一直不满意。人力资源部门的办法，无非是将企业按收入和利润规模分为几级，分级确定工资，然后根据总部的一些工作要求，增加一些打分项进行增或减，最后算出企业负责人的工资收入，既无新意，也不适用。刘董事长最后决定让方明牵头，做一套全新的数量化的考核办法。

考核体系设计是管理会计的基本功之一，方明作为主管财务的副总裁不能推辞。只是方明一直主管财务与投资，过去也从来没有系统做过集团型企业的薪酬考核体系设计，这对方明来说也是全新的东西。方明知道，由于事关下属企业领导人员的个人收入，若是按传统的做法，以定性为主，大家都好接受；若要创新，做成数量化的考核办法，搞不好会引起多数下属企业领导人员的反对，这可不是闹着玩儿的。方明感到压力巨大。

决策点评

方明成功构建内部报表体系，有力地用数据支撑了集团的战略决策。从决策角度看，企业内部报表体系是企业战略分析和管理的重要工具。企业的战略分析和管理，必须以经营结构性数据的分析作为支撑。财务报表，往往只能反映企业的资产与运营的总体状况，而对于企业的许多结构性问题，必须利用内部报表体系去揭示和反映。因此，构建合适的内部报表体系，是企业战略分析和管理的基础。

内部报表体系的构建是管理会计的重要内容之一。管理会计的重要职能，就是为决策提供数据支撑体系。管理会计是用数据说话，从而提高企业决策水平的重要工具。本案例中，在如何构建内部报表体系方面，给我们许多有益的启示。

1. 内部报表体系没有统一的范式，也不是一成不变的，构建的关键在于围绕企业战略管理的需要。因此，内部报表体系不是财务报表的简单细化、深化，而是要在战略思维的指导下，围绕战略分析和战略管理的需要，构建适当的指标体系。

2. 内部报表体系的建立，不仅是构思出一张报表结构，还需要设计报表的数据来源。财务会计系统能有的数据，尽量用；财务会计没有现存的数据，看是否能改革会计核算方法，最终能得来最好，这样可以节省大量的人力、物力和财力。有许多经营和管理数据，可能在班组、车间，如有必要，就设置数据统计岗，进行相应数据的计量、确认、记录、分类、报告。

3. 内部报表体系的构建，是一个系统工程。由于其数据来源的复杂性，为了获得可靠的数据，可能需要改革会计核算方法、业务流程和岗位设置，是一个隐性成本极高的工作。因此内部报表体系在构建中，不求完美，但求简洁实用。有的集团公司动不动就往下属企业发一张报表要求其填列，这样不仅劳民伤财，而且数据质量还很难保证。

古人云："诗者，志之所之矣，在心为志，发言为诗。"即所谓"诗言志"。方明这一安定下来，忙于业务，诗意也没有了。

让我们进一步往下看，方明是如何改革集团考核体系的。

第十六章
绩效优先，改革考核体系
——东兴集团考核体系改革实践

对于下属二级企业经营管理者，东兴集团公司如何构建合理的考核体系，是集团高层管理者特别是董事会决策的一个重大难题。平衡计分卡之父、哈佛大学教授罗伯特·卡普兰（Robert Kaplan）说：“你考核什么，你就将得到什么。”下属二级企业经营管理者，是企业最重要的人力资源，如何通过对他们的考核来调动他们的积极性，事关公司战略管理成败，是集团公司高层管理者的首要任务。但由于考核的复杂性，导致其又是管理理论与实践的重大难题，没有成熟的经验可资借鉴。

国有企业集团对于下属二级企业经营管理者的考核，长期以来形成了一套相对固定的方法。这套方法，已经深深融入国有企业的传统考核文化——“老好人文化”：注重平衡，不注重绩效；薪资只能增加，不能减少。因此，考核的最终结果，是大家薪资都差不多，平均主义。这样又使考核体系起不到激励和引导作用，形同虚设。因为企业集团的主要领导都知道，不能得罪下属企业领导，市委组织部的考评，还需要他们画钩呢。方明要对原有考核体系进行创新，建成数量化的考核办法，搞不好会引起多数下属企业领导人员的反对，这可不是闹着玩儿的！

方明硬着头皮接下重新设计东兴集团下属企业负责人薪酬考核体系的任务后，立即对当时企业负责人的薪酬考核现状进行了调查分析。东兴集团作为市属国有大型控股企业集团，下属企业众多，经营性质不一，经营领域、经营状态也千差万别，使得制定统一的考核办法变得较为复杂。而且大多数下属企业不仅负有经营任务，还承担着下岗职工、离退休人员稳定保障的职责。如果简单的以业绩指标来确定企业负责人的薪酬，很难准确、公正地反映他们的工作付出。因此，现阶段主要是依据企业规模大小，将企业分级，确定几个工资等级，然后做几个调节项，定出下属企业领导人员的工资。规模大的不一定效益好，但其领导人员收入较高，在当下的市场经济条件下，一些效益不错的中小规模的企业领导就对此颇有怨言。由于缺乏科学的考核评价办法，集团领导为息事宁人，往往凭印象、拍脑袋来给每一个企业负责人的年薪进行加加减减，最后往往是水涨船高，大家都差不多，又是平均主义。看来，在国企市场化改革中，建立一个数理模型来对下属企业负责人薪酬进行统一的考核，是值得尝试的事情。

方明在研究各种企业考核理论时意识到，眼下对东兴集团这样的大型国有企业来说，考核体系的设计无法照搬任何现存的考核理论和方法，必须根据现实状况进行创新，因为新的考核体系设计，受到很大的局限。

首先，各子企业战略目标不清晰，考核引导方向不明确。罗伯特·卡普兰所说的“你考核什么，你就将得到什么”，实际上道出了考核体系设计的基本原则：你想得到什么，你就考核什么。从管理角度看，我们最希望得到的结果是：各企业按照既定战略目标，健康地运行和发展。因此，考核体系应该围绕企业的战略目标来设计。但很多企业集团对各子企业战略定位不清晰、战略目标不明确，东兴集团就是这样，对各二级企业战略定位模湖不清，每一个二级企业往往开展多元化经营，有多个大而不强的业务单元，而且这些业务单元往往相互独立，缺乏产业协作和产业关联。就是企业集团本身，也没有清晰的产业发展战略。

其次，各企业无法进行结构化的目标考核。由于没有全面预算管理的基础，各企业无法提出结构化的业务目标，只有总量指标。因此，对企业的考核多应用总量指标，如总的收入和利润指标等，将其作为考核的依据。

方明要想成功设计新的东兴集团下属企业负责人薪酬考核体系，必须要克服以上两个障碍。为此，方明进行了三个方面的思考。

一是必须明确新的考核体系要达到的战略目的。方明认识到，过去的考核体系，实质上没有量化标准。虽然每年都对企业下达了收入和利润的目标任务，但是当企业完成不了，往往会找各种原因，集团公司领导再平衡平衡，就使经营绩效往往对企业负责人的年薪影响不大，没有体现绩效优先的原则。而唯规模论实际是根深蒂固，哪个企业规模大，哪个企业领导人就“牛”，年薪就相应定得高。这就变相地鼓励企业做大规模，从而造成许多企业往往拥有多种经营业态，但都业绩平平，大而不强。方明认为，本次绩效考核设计的首要目标，就是要破除唯规模论，倡导绩效优先，引导企业做强、做精主业。

二是在总量指标基础上修正，从而进行考核。由于没有全面预算管理的基础，各企业无法提出结构化的业务目标，但总量指标又有许多缺陷，必须进行修正才能真正达到考核要求。如利润指标往往是考核体系中最重要的指标，但是如果简单地利用财务报表中的实现利润指标作为考核的依据，往往无法真实反映企业的经营绩效。一方面，企业有可能以增加企业风险的方式来获取利润，如为完成当期经营指标，可以增加赊销力度，从而增加应收账款，企业虽然在当期取得了利润，但增大了未来的经营风险。另一方面，企业利润总额并不一定是企业正常经营所得。特别是国有企业，过去都有许多房地产、长期投资等，账面价值很小，通过出售后可以一次性获得巨额利润。许多企业并不是将这些出售收益一次确认收入，而是根据需要，随时确认收入，以此调节利润。因此，即使当期企业实际经营亏损，报表上也反映不出来。由于这些非经常性收益的大量存在，使利润总额指标不能真实反映企业当期的实际赢利能力。为此，方明考虑用“考核利润”指标代替利润总额指标。

同时，传统的销售收入指标作为考核的主要指标，也可能给企业经营带来重大风险。现实中，个别企业当主营业务经营出现问题，有可能完不成集团公司制定的考核目标时，通过“大额转手贸易”来应急，即采购别的企业需要的大宗原材料，并以提供一定的垫资服务为前提，在采购成本上再加上一定垫资成本的价格，转售给需要这些大宗商品的企业。为此，这些企业轻易获得了大量的销售收入，但没有销售利润，不能为企业带来价值，反而会给企业造成巨大的垫资风险。

考核指标不当，将损害企业的长期价值

三是薪酬设计要兼顾、平衡劳动付出回报与绩效回报。将企业负责人的货币薪酬主要分为基本年薪与绩效奖励。基本年薪主要体现企业负责人的劳动回报，充分考虑国企历史遗留问题众多的特殊性。绩效奖励主要考虑企业负责人的绩效回报，突出业绩导向。

通过以上思考，方明开始着手设计东兴集团对下属企业负责人的考核体系。

第一，企业负责人薪酬构成。

依据国际通行惯例，企业负责人的薪酬一般由基本年薪、绩效奖励和企业福利 3 部分构成。有的企业还有股权激励计划，由于东兴集团暂无此考虑，因而此处不讨论。基本年薪主要代表劳动付出的回报，它主要受企业规模大小和管理复杂程度的影响，同时本行业同类企业领导者的市场平均水平也是一个参考标准。绩效奖励，顾名思义，是对企业负责人领导企业创造绩效的一种奖励，主要取决于其所创造的绩效水平，同时也受同类企业市场上平均水平的影响。企业福利，既包括企业员工共同享有的福利待遇，也包括企业提供给领导人员公务消费的事项，如公司车辆、公关费用等。在国有企业中，企业领导人福利的形成有各种历史的原因，比较复杂，为此，建议暂时冻结相关福利政策，待以后专题研究规范，不纳入本次考核体系的讨论范围。为此，本次改革重点探讨前两部分：基本年薪与绩效奖励的考核与发放。

第二，薪酬参考标准的确定。

无论是基本年薪还是绩效奖励，都有一个“以本行业同类企业领导者市场平均水平作为参考标准”的问题。

我国国有企业由于历史情况复杂，各种历史和社会负担也各不相同，因而无法用一个正常的行业标准来评判其经济指标。而且国有企业领导者也很难简单地被市场化，难以用一个“本行业同类企业领导者市场平均水平”作为参考标准。因而在企业集团内部制定基本年薪标准时，可以采用集团内部平均水平作为一个标准，而集团内部平均水平可以参照当地及相关行业领导人员的薪酬水平来确定。

实践中，根据东兴集团的实际情况，下属企业领导人员的薪金在近年有较大幅度的提高，基本上能反映当前社会公认的水准。因此可将各下属企业负责人上一年的年薪进行平均（S_0），作为参照。考虑到目前企业整体绩效水平不高，如果绩效考核目标过高，会造成企业负责人年薪变化过大，不利于改革的顺利推进。为此，可以假定上一年年薪中，70% 作为基本年薪发放，30% 作为绩效奖励发放，并以此作为计算考核的依据。

第三，企业基本年薪的确定与考核。

如前所述，基本年薪主要代表劳动付出的回报，它主要受企业规模大小和管理复杂程度的影响。问题在于如何识别出影响企业“规模大小和管理复杂程度”的关键指标。

一般来说，企业营业收入、平均资产量、在岗职工人数是关键因素。但由于国有企业投资“饥渴症”的客观存在，如果按通行的惯例，往往会导致企业片面追求规模，因而考虑把原本属于绩效指标的利润指标也纳入考核。同时，国有企业下岗员工和离退休人员的稳定是企业负责人的一项重要工作，特别是许多困难企业，营业收入低，利润基本没有，但稳定任务还很重，因此也应将此指标纳入考核。由于各指标重要性不同，应当对各指标赋予不同的权重。

实践中，各关键指标以其考核确认值，除以该指标集团整体平均值，作为该项指标考评系数。为了消除单项指标超强造成的影响，还要用除以 2 进行平滑。

据此可设定如下的模型来确定基本年薪：

$$S = So \times 70\% \times C1$$

So 为上年度东兴集团同类业务部门所属企业负责人平均收入。

$$C1 = A1 + A2 + A3 + A4 + A5$$

A1（主营收入系数）＝(1＋上年期末主营业务收入÷东兴集团平均上年期末主营业务收入）÷2×40%

A2（资产系数）＝(1＋期初资产总额÷东兴集团平均期初资产总额）÷2×20%

A3（利润系数）＝(1＋利润确认额÷东兴集团平均利润确认额）÷2×20%

A4（在职在岗员工系数）＝(1＋期初在职在岗员工平均数÷同类业务部门所属企业期初在职在岗员工平均数）÷2×10%

A5（离退休下岗人员基础系数）＝(1＋期初离退休下岗人员平均数÷同类业务部门所属企业期初离退休下岗人员平均数）÷2×10%

其中 A1、A2、A3 单独计算出现负值时，该系数等于 0；平均利润各数值取各利润为正的企业的平均值。

基本年薪一般在年初根据上一年相关数据测算，按月发放。考核还应同日常管理中的各项事故挂钩，做出如下规定：

出现一般事故，扣除一个月基本工资的20%；

出现重大事故，扣除一个季度基本工资的20%；

出现特大事故，扣除全年基本工资的20%和全年绩效奖金。

第四，绩效工资确定与考核。

绩效奖励，是对企业负责人领导企业创造绩效的一种奖励，主要取决于企业所创造的绩效水平。问题的核心在于如何识别绩效关键指标。

我们认为，对于企业负责人来说，绩效关键指标首先是利润指标。为了准确反映企业的赢利能力，拟对企业账面实现利润进行修正，采用“考核利润”指标。同时，由于利润是一个绝对数，不能真正反映资金投资效益，所以加入净资产收益率指标，以修正利润指标的片面性。

还要注意的是，利润相关指标只能反映企业账面盈利水平，作为控股集团公司，还有许多相关的贡献要求，因此需要设定对集团公司的贡献指标，并将其作为一项关键指标。

以上3项指标，应根据其重要性判断，设定相应权重。

集团公司在年初要给企业下达全年任务，对任务完成者应适当奖励，对没有完成任务者应适当处罚，因此需要设定完成目标考核系数。

经济指标考核只能是考核的一个重要部分，并不能完整、准确地反映企业负责人的工作状态，为此我们要设定综合管理考核指标。对于董事长、总经理、党委书记，可以针对其职位要求，分别设定相应管理考核指标，如战略规划水平、战略执行情况、经营管理措施情况、市场开拓情况、技术创新状况、日常生产经营管理水平、财务管理水平、集团公司制度和规定执行情况、班子建设状况、人才管理水平、党建目标完成情况、安全稳定状况等。每年年末可由集团公司组建考核组，就以上管理指标对其进行评价打分。

由此，我们设计出绩效工资确定模型：

$$B = So \times 30\% \times C2 \times P \times Z$$

C2 = B1 + B2 + B3，为绩效考核综合系数之和。

B1（利润考核系数）=（1 + 考核利润确认额 ÷ 东兴集团平均考核利润确认额）÷2 ×（1 + 企业经常性利润增长率）÷2 ×35%

B2（东兴集团贡献系数）=（1 + 企业对东兴集团贡献值 ÷ 企业对东兴集团平均贡献值）÷2 ×30%

B3（综合净资产收益率考核系数）=（1 + 企业实际综合净资产收益率 ÷ 东兴集团平均综合净资产收益率）÷2 ×35%

企业实际综合净资产收益率 = 考核利润确认额 ÷ 净资产

当综合净资产收益率小于等于0时，没有绩效奖金。

P为企业完成目标系数：

当企业实际完成额<目标额时，P =（1 -5%）；

当企业实际完成额≥目标额时，P =（1 +5%）。

Z（年终综合经营管理表现考核系数）=（1 + 企业实际得分 ÷ 同类企业平均得分）÷2

第五，利润指标的确定与考核。

在以上模型中，利润指标的确定显得至关重要。而实践中，利润指标往往是最难确认和考核的。

一方面，企业有可能以增加企业风险的方式来获取利润。企业有可能完不成任务时，企业可以通过放松信用政策来刺激销售，获取账面利润。这样虽然当期企业销售和利润增长，但增大了未来的经营风险。因此我们在考核中，应根据经营风险的增加，调减账面利润。

另一方面，企业利润总额并不一定是企业主业正常经营所得。当企业可能完不成任务时，企业可以通过出售资产等方式，获取非经常性收益，从而形成利润。而由于非经常性收益的存在，使利润总额指标不能真实反映企业实际赢利能力。为此，在设计考核量化指标时，必须将非经常性利润同经常性利润区别对待。同时，考虑到非经常性利润的取得也是需要努力和付出的，在利润确认时应采取一定的权重。

实践中，可以采用“考核利润”指标代替利润总额指标。

1. 考核利润额 = 经常性利润总额 + 非经常性利润总额 × 30% − 扣减项。

2. 应收账款根据上一年年末应收款项账龄分析表对比增减额度调整：1 年以内的，不扣减利润；1 ~ 2 年新增部分按 30% 扣减利润，视同坏账损失；2 ~ 3 年新增部分按 70% 扣减利润，视同坏账损失；3 年以上新增部分按 100% 扣减利润，视同坏账损失。

3. 结合新的会计准则，按照存货增加利润损失扣减当年净利润、利润，计算如下：

存货增加利润损失＝新增存货市价额×（1－存货周转率）×30%

或＝（新增存货市价额－新增存货销货成本）×30%

通过大量的讲解沟通该考核体系，终于在2006年年底发布，2007年开始正式实施，产生了预想的效果。

一是通过数量化的考核办法，得出的薪酬结果摆脱了过去领导“拍脑袋”决策的问题。考核模型中，充分考虑了传统国企的历史问题所带来的工作压力和工作量，又突出了效益优先原则，下属企业各领导都服气，不再有怨言。

二是打破规模至上论，不以营业收入和资产规模为主要衡量指标，而是以利润为核心指标进行考核，引导企业以经济效益为中心，开展改革调整。许多企业开始压缩经营业务，对只有规模没有效益的业务线进行清理整顿，使企业发展主业更加清晰。

三是追求有质量的利润。采用考核利润，每年由集团审计部在中介机构年报审计基础上，进行考核利润审计确认，促使企业将精力集中在主营业务赢利能力打造与建设上。许多企业就如何进一步提升核心竞争力，以进一步提升企业主营业务的赢利能力，进行认真研究，制定出了相应的战略和调整措施。

四是提高了各企业上缴国有资本经营收益的积极性。新考核办法将对集团公司的贡献作为考核项，鼓励各企业向集团公司上缴国有资本经营收益。

决策点评

企业集团对下属企业负责人的考核，并将考核同薪酬结合起来，是一个理论和实践都很强的课题，更是一个不断实践和探索的过程。特别是国有大型企业集团，其中不少还缺乏一套行之有效的薪酬考核体系。方明设计的新的考核体系能正常运行，得到上下的认可，确实有许多需要总结的地方。从决策流程看，本案例的难点主要在于确定决策目标和制订可行方案两个环节。

首先，理论上，考核体系应该围绕企业的战略目标来设计。但由于东兴集团对各子企业战略定位不清晰，战略目标不明确，因而无法清晰表述考核体系设计要实现的目标是什么，从而造成决策目标难于确定。为此，方明在确定考核体系设计目标时，没有盲目追求最优目标，而是循序渐进，将集团改革目标作为考核体系设计目标，将本次绩效考核设计的首要目标，定为破除唯规模论，倡导绩效优先，引导企业做强、做精主业。这样就使考核体系设计比传统的考核办法能有所改革和前进，从而取得了领导的认可。这充分说明，考核办法没有最好，只有更“适合”。这也提示我们，在企业管理实践中，决策目标设计，不一定要最优目标。最优目标往往是不现实的，“满意”目标、“合适”目标才是实践中最实用有效的目标。

其次，在制订考核体系可行方案时，方明既重视创新也尊重历史。他充分考虑企业发展的历史以及由此形成的管理现状，没有盲目照搬某个洋办法，避免造成事实上否定历史，形成考核对象的抵触局面。同时，对于传统考核体系以财务总量指标为考核的主要量化依据的缺点，进行了深入分析，发现了总量指标考核可能给企业价值带来的负面影响，从而有针对性地设计出考核利润指标，替代总量利润指标，成功实现了创新。这也提示我们，在制订变革方案时，要充分研究吃透过去方案的缺点，并有针对性地采取措施，才能制订出行之有效的克服过去缺陷的方案，切莫简单地依靠拿来主义，求洋求雅。

最后，本案例揭示了一个重要的现实，传统的以总量财务指标为主的考核方式，可能严重损害企业的价值，必须引起高层管理者的高度重视。近年来，不少央企和地方国企都深陷钢铁贸易困境，进行“大额转手贸易”，造成非常严重的经济损失，根源就在于我们的考核体系重收入规模，没有深入考核企业价值的增长。

通过这几年的调整，集团各企业逐渐摆脱了生存困境，企业发展就成了当务之急。如何拓宽融资渠道，成为方明这个主管财务与投资的领导重点考虑的重要工作。

让我们进一步看，方明是如何开展集团公司的资本运作的。

第十七章
运筹帷幄，高效借壳上市
——东兴集团电子装备业务重组与借壳上市

时光荏苒，转瞬到了2008年。东兴集团各企业在以刘自成董事长为首的新一届领导班子带领下，取得了长足进步，很快摆脱了生存困境。方明刚到东兴集团时，集团总部由于多年对下属企业主要履行行政性管理职能，没有收入来源，连自身运转都靠银行贷款维持，对企业发展无法进行有效的资金支持。而且由于困难企业较多，总部对下属企业进行巨额担保，面临着较大的担保风险，已使总部失去了融资能力。通过这两年的努力，集团资产负债结构得到优化，总部担保风险基本被化解；强化了企业现金流的预测，加强了企业资金预算管理；建立起了融资分析、决策与风险控制机制，总部融资平台职能也得到初步恢复。面对集团经营发展形势的变化，在刘董事长的支持下，方明果断提出集团财务管理从以会计核算和报表管理为主，转向以资本运营和资产运作为核心的财务管理和控制，要打造新的融资平台。

当前，东兴集团仅有一个上市公司，即东方公司，还有一个以电子元器件为主营业务的企业，已培育6年，一直在准备上市过程中。方明提出，为了加快集团资产证券化步伐，应对其他有效资产进行整合，借壳上市。

为此方明开始分析集团各业务板块情况。

其实方明早就在这方面做好了数据分析准备。前面讲到，方明从2006年6月开始建立起集团内部报表，并通过2006年全年数据分析，提出了大力发展园区地产业务的战略性建议。随着此战略的落实，2007年，方明又开始根据需要，改进内部报表。针对未来科技产业发展战略管理需要，方明将内部报表（表 15 - 1）中的产品项进行细化，列出了电子元器件、电子装备、广电产品等战略业务板块。

方明将内部报表拿出来一看，很快便锁定了电子装备板块。该板块有一个核心企业——新电科技有限责任公司，2007 年收入 6.3 亿元，利润 1.7 亿元。另外还有 3 个二级企业集团有相关业务，如表 17 - 1 所示。

表 17 - 1　2007 年电子装备业务发展情况　（单位：亿元）

二级企业	收入	同比增（%）	利润	同比增（%）	备注
新电科技	6.3	23	1.7	20	二级子公司
宏翔电子	1.1	17	0.5	15	二级子公司
电达科技	1.8	21	0.3	20	二级分公司
伟达电子	1.3	15	0.4	13	二级子公司
合计	10.5	21	2.9	18	

宏翔电子和伟达电子专门有一个子公司生产电子装备，电达科技有一个分公司生产电子装备产品。如果将这三块业务都整合到新电科技，按照 2007 年的数据，净资产将达 12 亿元，收入 10.5 亿元，利润 2.9 亿元。并且收入与利润分别比去年同期增长 21% 和 18%，可以说是个非常优良的公司。

为此，方明向刘董事长建议，以新电科技为主，重组集团电子装备业务，并借壳上市。该建议立即得到刘董事长的高度支持。为了保密，集团对外宣称，打造集团的电子装备板块，重组新电科技公司，而不提借壳上市一事；同时成立投资证券部，由方明主管；授权方明组织秘密工作组，负责借壳上市的前期工作。

接下来，方明开始了两条战线的工作。第一条战线是按上市公司要求，对待上市资产进行清理、整合与重组；第二条战线是借壳标的的寻找与谈判。

先说对待上市资产的清理、整合与重组。经重组后的新电科技，是一个准上市公司，因此必须符合上市公司的相关要求。为此，方明列出了6个相关方面的问题，进行梳理整顿。

解决四块业务分散在四个二级企业集团的问题

方明指挥企业，以新电科技为主，将宏翔电子、伟达电子和电达科技的电子装备业务，装入新电科技中，时间为2008年12月底，完成重组，并领取工商执照。为此，在刘董事长的领导下，改组了新电科技领导团队，由他亲自兼任新电科技董事长。

清查、解决相关资产可能涉及的法律问题

经清查，东兴集团持有的新电科技股权，由于东兴集团对其他下属企业借款担保案被银行申请诉讼保全查封，因此，必须将新电科技股权解封，才有可能进行借壳上市操作。时间为2008年12月底，完成股权解封操作。

同时，对四块业务的相关土地与房产权属进行清理。凡属权属不清，特别是还有国有划拨土地的相关房地产，在新电科技之外的，重组过程中不进入；属于新电科技的，划入东兴集团，确保重组完成后公司各项资产权属清晰。

股权清理

新电科技有限责任公司目前有股东16个，东兴集团持有75%的

股权，其他股东大多是东兴集团二级企业，是当时为了企业凑资本金，“拉郎配”进入的，同新电科技未来发展关联度不高。为此，集团决定重组前，以合理对价收购其他 15 个股东的股权，东兴集团持股 100%，新电科技成为国有独资公司。

解决同业竞争问题

在东兴集团内部进行电子装备业务清理。其他二级集团还有一些较小的电子装备业务，如果有可能形成同业竞争的，全部整合进新电科技公司。

规范财务核算

方明要求聘请具有证券从业资质的会计师事务所参与此次资产重组事项。并要求会计师事务所在财务审计和资产评估过程中，将所有会计核算不规范的地方，按上市公司要求，进行全面梳理整顿。

6. 确保未来 3 年的发展盈利指标

为了保证重组后的新电科技能顺利实现借壳上市，并在资本市场形成良好的企业形象，为未来上市后进一步融资打下基础，方明要求重组后的新电科技在 2008 年、2009 年、2010 年 3 年的利润增长，都分别按 20%、30%、30% 进行规划，并要求将该规划落实到具体的产品和项目中，形成具体的事业计划。从现在就开始着手，该投资投资，该研发研发，将相关事业计划的具体落实事项纳入并作为 2008 年及以后各年度对企业领导团队的业绩考核指标。

同时，方明带领工作小组，开始了借壳标的的寻找与谈判工作。

如何确定借壳标的？必须要先确立一个标准。首先，这个壳公司必须干净，这是借壳的前提。所谓壳干净，就是指壳公司不能有已知的和未知的法律风险。方明在研究许多借壳上市案例时发现，借壳人由于风险意识差，未能认真排除壳公司隐藏的巨大法律风险，造成借壳后，上市公司陷入大量的法律纠纷，形成巨大损失，导致经营发展困难，未能实现借壳的目的。其次，借壳后，东兴集团应还能持有上市公司70%左右的股权，这样可以保证在装备板块完成借壳上市后续开展再融资过程中，东兴集团仍能保持50%左右的控股权，有利于国资监控机构对上市公司再融资的支持。由于重组后的新电科技净资产盘子较小，仅12亿元左右，因此对壳公司的要求为盘子要小，股价不能太高。

标准清楚后，开始请证券公司帮助寻找、推荐壳资源。方明带领证券工作小组，在中介机构的安排下，开始不停地同标的壳公司接触。

方明很快发现了一个怪现象：只要他到那个公司去谈借壳，往往一下飞机，就会发现这个公司的股票已经涨停了！方明无法知道是中介出问题了还是壳公司的高管有问题，但这引起了方明的高度警觉。看来要想实现顺利借壳，保密工作非常重要。方明开始在有外人在场的情况下，谨慎表达，不让外人知道他对壳公司的真实想法。同时继续不断地要求中介机构介绍壳公司，并对所有壳公司都表示不满。渐渐地，方明发现他再去接触壳公司时，这些公司股票的价格不再受到影响了。

时间已进入2009年年初，待上市资产的清理、整合与重组基本完成，还差一些法律事项清理，待收尾。

其实方明已经看好了一个上市公司——理想股份，并秘密开展了多轮谈判。方明不停地去寻找壳公司，只是声东击西的把戏而已。

理想股份，总股本 1.9 亿股，净资产 1.3 亿元，其控股股东持有33%的股权。由于公司业务经营困难，近 3 年来一直在亏损边缘徘徊，失去了再融资能力，大股东也无力支持上市公司发展。为了保证上市公司股票不被标示为*ST 股，大股东每两年还得往上市公司让利，使其保证赢利，从而使上市公司成为大股东的一个沉重包袱。

方明开始认真测算起来。

2009 年年初，预计新电科技净资产将达 14 亿元。先将理想股份净资产 1.3 亿元置换出来，获得原股东的 6 270 万股股票。剩下的净资产 12.7 亿元，通过上市公司增发股票来收购。

为保证借壳后东兴集团持有上市公司 70% 的股权，设上市公司拟增发股份为 X 亿股，则有计算如下：

$$(1.9+X)\times 70\% = 0.627+X$$

$$X = 2.343 \text{ 亿股}$$

得出为保证借壳后东兴集团持有上市公司 70% 的股权，上市公司应增发 2.343 亿股股票。

因此，为了保证增发股票不少于 2.343 亿股，剩余的净资产 12.7 亿元，应按不高于 5.42 元/股的价格进行增发。其计算如下所示：

$$12.7 \text{ 亿元} \div 2.343 \text{ 亿股} = 5.42 \text{ 元/股}$$

则借壳完成后，上市公司总股本应达到 4.243 亿股。

2008 年利润要比 2007 年增长 20%，则新上市公司每股盈利将达到0.82元，计算如下：

（2.9亿元×120%）÷4.243亿股=0.82元/股

借壳完成后，将是一个赢利能力优秀的上市公司。

经过以上模拟测算，方明心里有了数，开始同理想股份的大股东进行实质性谈判了。

心中有数，谈判有底

对方先报出了壳价格3亿元，同时上市公司的资产由方明拿资产置换出来，并由他们全部拿走。

方明判断该报价应该不离谱，说明对方很有诚意，于是认真提出了我方的条件。

方明首先提出，同意对方提出的将上市公司原资产置换出并由对方全部拿走的提议，但必须由原股东确保不能有遗留的法律风险，希望对方提供相应的风险保证措施。其次，方明又提出，关键在保密，要确保股价平稳，否则不可能进行重组。近一年内，理想股份股价在5.3元至7.6元间波动，近一月股价在5.8元至6.5元间波动。经过前述计算，方明提出增发股价最好在5.42元/股左右。由于增发时，一般以停牌前20日均价的九折作为增发价，所以停牌前20日均价应在6.02元左右。最后，方明特别说明，关于壳价格问题，当然越低越好，回了一个价格2亿元。

对于股价问题，对方也知道，一旦借壳消息泄漏，股价一定会飞上天，因此，他们保证一定配合控制好股价的稳定。对于法律风险问题，对方保证全部排除，但是又提出，除了置出的资产外，他们没有其他东西来担保。而对于壳价格，对方还是坚持3亿元。

方明认为，置出资产对我方没有价值，不能用于抵押。而且一旦办了抵押，还不利于对方的后续经营，对方也不会同意。

经过几次的讨价还价，最后方明提出了一个折中方案：壳价格为2.5亿元，不给现金，而是让对方保留一定数量的股票，但对方在两年内不能卖掉这些股票，而是将其作为法律风险的抵押品。对方也认为方明的办法好。关键的问题在于保留多少股票，而要确定保留多少股票，关键在于确定未来股票的价格是多少。

根据惯例，对于新上市公司股票价格的确定，一般是根据公司所处行业平均的市盈率来估算。所谓市盈率，就是企业股票价格除以企业股票每股盈利得出的比率倍数。如某股票股价为10元/股，而其上一年每股盈利为0.1元，则其市盈率为100倍。它的含义是如果通过企业每年0.1元的盈利水平，则需要100年，才能收回买股票的投资10元，以此来帮助投资者判断股票价格的高低。

很快，对方请专业的中介机构拿出了未来企业股票市盈率的分析报告。对方专家计算出了沪深两市电子行业股票的平均市盈率为18倍，按照惯例，得出借壳上市后理想股份股票应按18倍市盈率进行定价。根据我方提出的借壳后上市公司盈利可达0.82元/股的预算，则未来企业股票价格可定为每股14.76元，即0.82元/每股×

18 元。

按对方专家的测算，壳价格 3 亿元，对方应保留 2 033 万股股票。

方明也紧锣密鼓地同我方券商专家进行研究，计算如果我方借壳成功某上市公司，股票的合理估价为多少。我方专家给出的估价模型同对方专家的如出一辙，也是计算沪深两市电子行业股票的平均市盈率，基本上还是 18 倍左右。至于方明提出的我方股票每股的赢利能力高、成长性好的因素，专家认为，可以作为谈判断条件，争取谈到 20～22 倍，即每股 16.4～18.04 元。

方明很不满意这个定价。但券商专家认为，这是行业惯例，他们也没有更好的办法。

方明想，要想打破这个定价惯例，就要找到我们未来上市公司与当前电子行业上市公司不一样的地方，发掘其独特的价值。方明开始同我方券商专家深入研究当前电子行业上市公司的特点，发现当前的电子行业上市公司，主要是处于电子元器件的细分行业，没有电子装备行业的上市公司。

国家的“十一五”产业发展战略规划中，将装备制造业和大规模集成电路产业列入了国家战略发展产业，而我们的产业正好是以大规模集成电路装备为主，是这两个战略产业的交集。因此，我们的产业有更大的发展空间，在资本市场上应该有更大的想象空间。

同时，我们企业的每股赢利能力和发展能力指标，也明显好于目前的已上市电子企业。公司 2007 年、2008 年的综合毛利率分别为 33%、34%，销售收入增长年均 30% 左右，盈利年均增长保持在 20% 以上，2009 年预计将达 30% 以上的水平。而电子行业上市公司 2007 年收入和利润平均增长不足 10%。为此，方明建议，由于目前

A 股市场尚无与新电科技业务完全相同的公司，我们选取部分主营业务为电子元件、集成电路的相关公司作为估值参考。如表 17 – 2 所示。

表 17 – 2 电子元器件行业相关公司估值对比（按 2009 年 2 月 4 日收盘价计算）

证券简称	每股收益（元）		市盈率（倍）	
	2009	2010	2009	2010
顺络电子	0. 477	0. 629	42. 54	32. 29
风华高科	0. 072	0. 117	118. 06	72. 40
士兰微	0. 168	0. 254	76. 98	50. 92
振华科技	0. 120	0. 150	102. 25	81. 80
法拉电子	0. 501	0. 608	31. 30	25. 76
晶源电子	0. 251	0. 280	45. 15	40. 43
华微电子	0. 050	0. 258	156. 49	30. 39
长电科技	0. 058	0. 199	134. 08	39. 02
算术平均	0. 349	0. 443	48. 99	37. 35

注：计算平均 EPS（每股收益）及 PE（市盈率）时，剔除了数据偏离均值较大的风华高科、振华科技、华微电子、长电科技。

资料来源：某证券研发部。

如表 17 – 2 中所示，剔除偏离均值较大的数据后，相关公司 2009 年平均市盈率为 48. 99 倍，2010 年平均动态市盈率为 37. 35 倍。上述公司可以在电子元件和混合集成电路业务上为新电科技提供估值参考。为此方明决定，按 2009 年 35 倍的动态市盈率估值，对应估值 28. 7 元来同对方进行谈判。

对方没想到方明完全打破以行业平均市盈率估价的惯例，有理、有力、有节地提出了新的估值模型，一下子在谈判中陷入了被动。

由于方明的估值判断，打开了未来上市公司估值的巨大想象空间，方明甚至提出了冲到 100 倍市盈率的可能性。最后对方提出可以按 35 倍市盈率估价，但要求签对赌协议，即如果重组后两年内股价不能达到 28.7 元，由我方按差价赔偿。

经多次拉锯式谈判，最后双方确定：以 30 倍市盈率为股票估值依据，但壳价格定为 2.5 亿元。我方不承诺未来股价，但对未来每股盈利进行承诺，即按 2008 年每股盈利 0.82 元、30 倍左右市盈率来估算未来股票价值为 25 元。对方保留 1 000 万股股票。

对方能答应 2.5 亿元的对价，其实也是经过高明的算计的。因为即使现在立即停牌，开始借壳重组，真正完成重组可能也得到 2010 年年中，按方明的业绩承诺，2009 年利润比 2008 年增长 30%，每股利润将达 1.07 元，即使按 30 倍市盈率计算，股价已经达到 32 元左右，即留下的股票将有 30% 的增值。

这个借壳重组方案是一个双赢方案，交易双方都对重组成功有很高的期待值。

重组方案的实质，是利益的平衡方案

万事俱备，只欠东风了！

新电科技股权解压问题解决了但还不保险。由于东兴集团是个传统的老国企，下属企业存在大量历史上产生的法律纠纷。为了防止重组消息传出后，又有其他诉讼当事人来对新电科技股权进行诉讼保全等相关行为，必须给新电科技股份建立一个法律避风港。为此，东兴集团新成立了一个南新新光投资有限公司，为国有独资公司，将东兴集团持有的新电科技的股权无偿划转至新光投资公司旗下。

2009 年 3 月 25 日，方明向刘董事长汇报，称条件成熟了。当日一闭市，刘董事长下令，要求理想股份到上交所申请停牌，同时通知第二天上午召开南新市东兴集团董事会，商讨新电科技借壳上市一事。

理想股份停牌前 20 日股票均价为 6.06 元，打九折后价格为 5.45 元，同前期预计的基本一致。看来一切顺利！

消息一传开，让方明没想到的是，他竟然成了众矢之的。公司董事、监事和其他高管人员纷纷指责方明：这么大的事儿，为什么不提前沟通一下呢？停了牌才通知开会，太过分了！各方领导朋友也埋怨方明：有好事不打招呼，不够朋友。方明一介书生，只想着将这一公司未来发展的大事干好，哪会去想那么多人和事儿。一心就想着保密保密再保密，生怕走漏一点风声，将理想股份的股价炒上去，导致好不容易找到的一个不错的壳资源作废了。

董监高们有情绪是可以理解的，但他们还算顾全大局，董事会顺利通过了借壳重组的议案，借壳重组大戏正式开锣了！

正式确定的重组方案详见以下的内容。

新电科技借壳重组理想股份方案简介

一、方案概述

理想股份拟以评估净资产作为置出资产与南新新光投资有限公司持有的新电科技有限公司100%股权评估净值进行整体资产置换；资产置换差额部分由上市公司以每股5.45元的价格（停牌前20个交易日均价的九折）向新光投资非公开发行股票作为支付对价。置换完成后，原理想股份控股股东以其持有的33%理想股份股权中的27.737%的股份，即5 270万股向新光投资换回置出资产。

鉴于评估审计工作正准备进行，只能以预估值来制订借壳重组方案，准确数据以最终评估报告和审计报告为准。评估基准日定为2009年3月31日。

新电科技预估净资产14亿元，以此作为新电科技股权价值，新电科技2008年净利润为3.48亿元。理想股份预估净资产1.3亿元。

新光投资先拿出1.3亿元净资产，将理想股份净资产1.3亿元置换出来，为此获得原股东的5 270万股股票。新光投资剩下的净资产12.7亿元，由上市公司理想股份按每股5.45元增发股票来收购，则理想股份需要向新光投资增发2.33亿股。

上述交易完成后，理想股份总股份变为新增发的2.33亿股加上原来的1.9亿股，共4.23亿股。新光投资持有理想股份2.857亿股股票（即2.33亿股加上5 270万股），占总股本的67.54%。上市后按2008年净利润计，每股收益将达到0.82元。

二、本次重组工作时间

为了确保重组效率，拟将各项工作，按最理想的时间进行计划，制定出甘特图①，统筹推进。如表 17－3 所示，按最理想的时间安排，如果一切顺利，该重组案应该在 9 月 23 日左右获证监会重组委通过。

表 17－3　本次重组工作时间安排

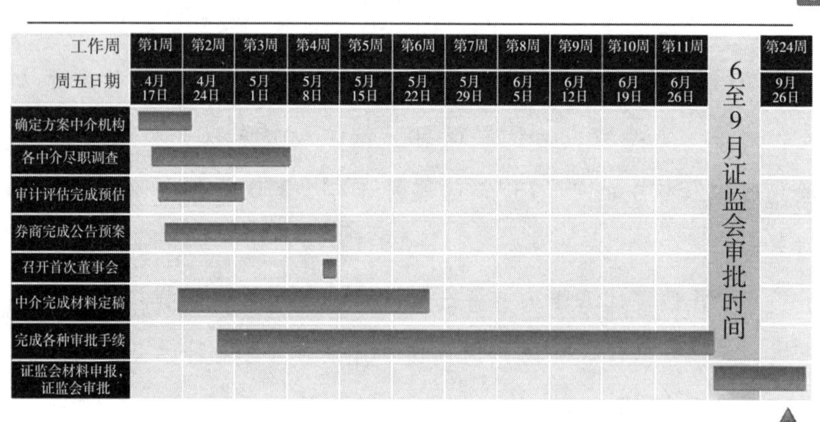

同时，要求将各重要工作排出时间节点，按总体时间要求倒排工作进度（参见图 17－1）。

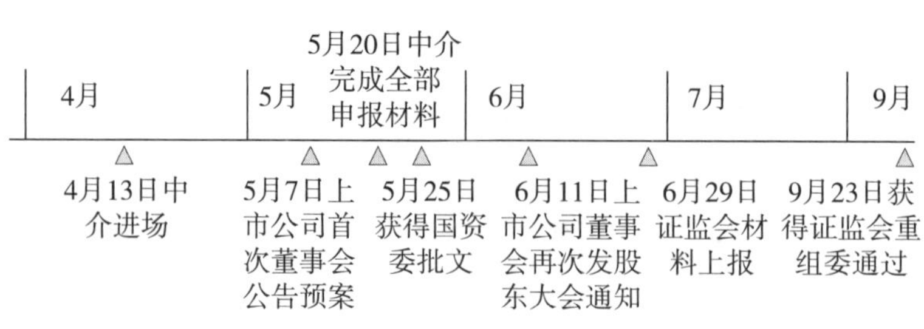

图 17－1　本次重组工作重要时点

① 甘特图又称为横道图、条状图，通过条状图来显示项目进度。

为了确保借壳上市工作顺利进行，方明组织了一个核心工作小组，由他带领东兴集团投资证券部经理和审计部经理共 3 人组成。

由于重组工作涉及多家中介机构，以新光投资名义聘请了审计师事务所、资产评估事务所、律师事务所，同样以理想股份名义也要聘请券商、审计师事务所、资产评估事务所、律师事务所。要想重组工作顺利进行，必须协调好各中介机构的工作进度。

为此，方明每天早上开各中介机构和东兴集团工作小组调度会，统一调度各中介机构工作，遇到困难，由工作小组出面及时协调解决。

因为时间要求非常紧，许多中介机构，特别是审计和资产评估人员，每天夜以继日地辛勤工作。由于方明倡导愉快工作，非常善于调节工作氛围，使整个工作现场经常是欢歌笑语，整个工作团队热情高涨。

有一天，刘董事长放心不下，悄悄来到现场检查工作。刚一进楼道，就听见重组办公区不时爆发出笑声。刘董事长以为大家在打闹，很不高兴，板着脸进了办公区。到办公区一看，所有人井然有序地在座位上做自己的工作，根本就没有人注意到刘董事长的到来。偶尔有人想起什么有趣的事情，逗起一片笑声。方明正在里间办公室里同各位经理开着调度会，也不时发出阵阵笑声。整个办公区里人人脸上都洋溢着快乐。刘董事长一看这场景，一下就放心了，没有继续往里走，悄悄离开了。

最后，在各级政府和领导的支持下，在整个集团公司和所有团队的共同努力下，2009 年 9 月 26 日，证监会重组委过会，有条件通过新电科技借壳理想股份重组案。2009 年 11 月 30 日完成资产股权交割，重组正式完成。从停牌到重组过会仅 6 个月时间，当年停牌，当年完成重组，仅比预计的最理想进度晚了3天！

次年，证券业协会将新电科技借壳重组理想股份案评为最高效重组案例！

决策点评

借壳上市，是企业高难度的资本运作课题，其间涉及一连串的重大决策。现实中，不少公司的重组项目，将股票停完牌后，经过几个月推进，才发现项目不可行，进而终止了重组，徒耗时间金钱；也有不少项目，停完牌后，往往一两年都无法完成重组事项，错过重要的战略机遇期而后悔莫及；还有不少项目，重组后反而成为上市公司的负担，拖累上市公司发展。而本借壳上市重组案，从2009年3月25日停牌到2009年9月26日过会，仅半年时间即完成证监会过会审批，实现了近乎理想的时间进度。从决策角度，可总结如下。

1. 停牌前的认真策划精心梳理准备，是本案例高效完成的基础。本借壳上市重组案，从策划到最后完成近两年时间，总共不到8个季度。其中策划和前期准备用时最多，近5个季度；停牌走流程报批两个多季度；重组委有条件通过后，补充材料等批文到实际操作完成，用了一个多季度。停牌前，将拟上市资产从财务和法律的角度，按上市公司要求进行认真梳理，排除重组障碍，这是保证停牌后顺利操作的关键。有不少项目，停牌前准备不充分，停牌后在推进过程中才发现，有的资产有法律障碍，无法装入上市公司，有的财务管理上有明显的漏洞，不符合上市公司要求等，只能终止重组。即使继续推进，也使项目耗时过长，企业将付出巨大代价。

2. 用数据说话，是确保方案合理的前提。借壳重组方案，涉及多方利益，本质上是一个复杂的利益博弈方案。如果不能用数据说话，将各方利益量化分析到位，就很难制订出平衡各方利益的方案。方明在借壳前先明晰了借壳的标准和目标，在实际寻找壳资源的过程中，对借壳完成后的可能状况进行认真的模拟测算，从而在借壳谈判中做到心中有数，最终能拿出利益相关方都满意的重组方案，并调动重组各方积极性，确保重组顺利进行。

3. 重视资产质量，是重组成功的核心。方明在重组中，始终坚持发掘优质资产进行借壳上市，而不是做概念。优质资产最重要的特质就是具有持续的、较强的赢利能力，而不是仅有一些前沿科技的概念。为此，方明在重组一开始，就重视对拟上市资产未来赢利能力的规划和发展，以确保未来的上市公司是个优质的公司。

4. 重视未来，是重组成功的保证。重组中，要站在未来重组成功后上市公司的角度，来思考和规划重组方案。正是立足在未来，方明在重组伊始，就强调未来赢利能力规划；在借壳谈判中，始终将排除可能潜藏在壳中的法律风险作为一项重要任务，提出法律风险抵押，进而演化出以股抵费并进行风险质押的双赢方案。

5. 深挖企业价值，是重组对价谈判成功的关键。证券中介机构按行业惯例对重组后上市公司进行了估价，但方明没有人云亦云，而是深入发掘未来企业产业特质，深挖产业价值，成功重新定义了企业的价值，不仅保全了公司利益，也让利益相关方看到了未来前景，更进一步坚定了合作信心，为重组对价谈判成功打下了坚实基础。

重组公司所属电子装备业务并借壳上市，是一个极具挑战性的工作，这极大地激发了方明的工作激情，也再一次点燃了方明的诗意。2009 年劳动节，方明登高望远，临风作《蝶恋花》一首。

垂柳飞丝风细细，信步登高，满眼青无际。百草拥花花万里，凤凰山顶凭栏意。

群鸟欢嬉追落絮，蝶舞蜂翩，几点山前雨。望极天涯人不语，一只白鹤冲天去。

以上，方明通过17个经营管理中的具体决策实践，从决策角度进行了较为深入的挖掘。到了该认真总结一下的时候了，请看下一章。

第十八章

数据说话，践行科学决策

——构建用数据说话的决策文化

决策，就是决定对策。科学决策，是经营管理的核心，事关企业生死，是决策者们毕生追求的目标。但如何有效开展科学决策，不完全是一个理论问题，很大程度上是一个实践应用问题。通过前面各章的故事，方明尝试着从实践角度，对科学决策做一个总结性思考。

何为科学决策

那么何为科学决策呢？有人提出，科学决策是指决策者凭借科学思维，利用科学手段和科学技术所进行的决策，是决策者为了实现某种特定的目标，运用科学的理论和方法，系统地分析主客观条件做出正确决策的过程。科学决策的根本是实事求是，决策的依据要实在，决策的方案要实际，决策的结果要实惠。并进一步提出科学决策的特点具有程序性、创造性、择优性、指导性。

那么什么又是科学的思维、科学的手段和科学的技术呢？这种提法，似乎存在自我定义的嫌疑，使科学决策更像是水中望月、雾里看花，好像知道，实则又很虚无。

方明认为，要理解何为科学决策，首先必须正确理解这里的“科学”一词。这里的“科学”，是指决策的科学性，即决策是否符合客观世界的真实性，决策者的主观认识是否能与客观实际实现具体的统一。科学的决策，就是要使决策符合客观实际，解决客观问题，实现主观效果，即人们常说的实事求是。因此在这里，“科学”更多的是指决策所必需的实事求是的态度、观点、方法。科学决策就是要应用实事求是的态度、观点、方法去决定对策，以实现主客观相统一的决策成效。

那么问题又来了，什么是决策中的实事求是的态度、观点、方法?

人们在决策中，一般用两种方法进行决策。一种是分析推理法，另一种是主观判断法。主观判断法，主要是利用人们的经验和常识进行决策。由于人们的经验和常识有很大的局限性，因此，主观判断法不能称为一种科学的决策方法。

分析推理法是我们日常所说的“有理有据”的决策方法，即以科学的认识问题、解决问题的理论为“理”，以客观事实为“据”，开展决策活动，也就是我们所说的科学的决策方法。

通过我们在前面对企业经营管理决策案例分析可知，这个科学的认识问题、解决问题的“理”，就是人类社会所积累起来的对经济社会客观认知和分析的知识：经济学和管理学。企业经营管理决策是为解决企业经营管理中所面对的问题而开展的，而解决企业经营管理中问题的方法论就是经济学和管理学。经营管理决策的核心在于将人类对经济社会认知的知识精华——经济学和管理学，引入企业经营管理实际，利用其相关分析模型和方法，分析企业经营和管理中的相关问题，并提出解决问题的措施。

这里所说的经济学和管理学，是广义上的经济学和管理学，是指人类社会关于经济与管理方面的各种理论的总和，除了通常意义上讲解的经济学和管理学以外，包括了财务管理学、会计学、决策理论、运筹学、博弈论等。

我们能否正确地、科学地进行决策，关键在于能否将经济学与管理学的理论与方法进行充分应用，建立起高效的分析和解决问题

科学决策靠的是经济学和管理学知识

的模型。建模的质量和水平，直接决定了决策的成效和水平。因此我们可以说，科学决策是一门研究如何将经济学与管理学理论与方法应用于企业经营管理实践的学问，它不是理论学科，而是一门应用学问。如我们前面讲到的，无论是东方公司迷局的化解、首饰厂的调研，还是商业布局研究，每一个问题的突破，无一不是对经济学与管理学的原理与方法的实际应用。

企业经营管理决策水平的高低，实质上是企业应用经济学和管理学分析与解决企业经营管理实际问题的水平的高低。

同样，通过我们前面对企业经营管理决策案例的分析可知，这个反映客观事实的“据”，就是我们所说的经营数据。企业经营管理，其核心是价值的经营与管理。价值是可计量的，有数的。特别是现代企业经营管理，随着市场的全球化与企业的国际化，企业经营规模越来越大，竞争环境越来越复杂，许多经营管理事项也超出了传统的经验把控，必须要辅以数量化的描述和分析，才能更加合理地反映企业经营管理状况。数据已成为企业经营管理客观实际的主要描述和反映手段，成为现代经营管理决策的基础依据。

同时，现代经济学和管理学也更加重视量化研究。因此，为了有效地应用现代经济学和管理学来分析企业经营和管理中面对的问题，开展有效决策，光有经济学和管理学的理论方法和模型是不够的，还必须有可靠的数据来源。为使决策符合客观实际，解决客观问题，从而实现科学决策，“数据”是基础。收集、整理出能反映客观现实的数据，是科学决策的基础，也是科学方法论的重要课题。

综上，我们从实践角度给科学决策下一个定义：科学决策就是针对决策问题，以经济学和管理学的理论、方法和模型为分析工具，以反映客观现实的数据为分析依据，开展分析推理，最终形成解决问题对策的过程。

科学决策之难

科学决策，是经营管理的核心，事关企业生死，是每一个决策者毕生的追求目标。但是科学决策的实行，在实践中非常之难，这就难怪人们经常嘲笑有的决策者是“心中无数决心大，情况不明办法多”了。

难点之一，在于不知因何成“理”。我们说，这个科学的认识问题、解决问题的“理”，就是人类社会所积累起来的对经济社会客观认知和分析的知识：经济学和管理学。我们很多决策者可能没有系统地学习过经济学和管理学，自然不知这个“理”。同时，即使学习过经济学和管理学，这些理论浩如烟海、深似丛林，到底用哪一个理论去解决实际的问题，这又需要决策者有高超的学以致用的能力。

难点之二，在于不知以何为“据”。现代企业经营管理中，往往产生海量的数据，如何从这些散乱无章的海量数据中，找寻到我们决策的重要依据，实是科学决策的一大难点。在实践中，当我们遇到问题需要果断决策时，却发现我们经常面对的大量经营管理数据，不能直接用于分析和解决问题，往往没有现成的数据可用。即使我们有了一些数据，如果不深入研究数据背后的逻辑，就数据说数据，还常常容易被数据表象所迷惑。

某日，在一个关于国有企业混合所有制改革的学术研讨会上，某位知名高级学者，利用国有上市公司，作为国有企业混合所制改革的代表，用近几年企业发展与经营绩效数据，同未上市的国有企业相应数据进行对比分析，最后得出结论：国有企业进行混合所有制改革后企业发展与经营绩效明显高于未改制的国有企业。有数据又有分析，看似言之凿凿。方明问了这位学者一个问题：“您知道国有上市企业是怎么成为上市公司的吗?”我们的国有上市公司在上市前，许多都是经过国有企业重组改制，母公司将优质资产注入，最后符合规定的严苛的业绩条件才得以上市。即在上市前，也就是混改前，它们本身就是国有企业中的精华，其发展和绩效本就是国有企业中的佼佼者。就数据说数据，而没有深入研究数据背后的历史逻辑，就会导致研究逻辑不清，所说之理不能为人所信服。

人们习惯于凭经验决策

我们许多决策者习惯于凭经验判断决策，因为凭经验判断决策更简单，并且容易为多数人所认同，而科学决策找数据难，寻理更难。在决策实践中，经常看见决策者用俗话和谚语作为决策的依据。

一日方明参加某大型集团公司的董事会，会议有一个议题，是其控股的某有限责任公司流动资金紧缺，急需增加3亿元的流动资金贷款。该企业初始资本金投入1亿元，由于企业负债率较高，银行要求集团公司担保。

经理层的议案材料，罗列了一些企业财务数据，方明一看，这些资料与为什么应该为其担保无关。从书面上来看，为其提供担保的理由是：如果不为其提供担保，则企业贷不到这3亿元，就无法正常运转了。当方明问道，这仅是子公司的理由，集团公司为什么必须给担保呢？集团总经理回答："俗话说得好，自己的孩子就得抱着。"俗话、谚语往往是生活中的常识与经验的总结，很容易引起大家的共识，于是该议案很快获得通过。

在座的外部董事，不乏财务专家、行业达人，却没有一人提出是否应对这个企业的生存价值进行分析和研究。一年后，这个企业实在无法再以贷还贷，致使集团公司被银行起诉，要求承担总计30多亿元的连带担保责任。

为急所恼，为情所困，情势战胜理智，感情代替分析，谚语成了决策依据。本来集团仅应承担资本投入1亿元的有限责任，由于决策不当，却变成了承担30多亿元的连带责任，相当于承担了无限责任！

谚语决策陷阱多

说到决策者习惯于用俗话和谚语作为决策的依据，方明想起了《三国演义》中马谡失街亭的故事。

公元228年，诸葛亮兵出祁山北伐魏国，任命马谡为先锋守街亭。

马谡到达街亭后，计划将大军部署在远离水源的街亭山上。当时，副将王平提出：“街亭一无水源，二无粮道，若魏军围困街亭，切断水源，断绝粮道，蜀军将不战自溃。”马谡不听劝阻，反而自信地说：“居高临下，势如破竹，置之死地而后生，这是兵家之常识，制胜之秘诀。”王平多次谏阻，马谡仍固执己见，将大军布于山上。魏大将张郃领兵抗击，侦察到马谡舍水上山，心中大喜，立即挥兵切断水源，掐断粮道，将马谡部队围困于山上，然后纵火烧山。蜀军饥渴难忍，军心涣散，不战自乱，最终大败。

置之死地而后生，这招我怎么用着不灵呢？

每次想起这段故事，方明都认真问自己，马谡错在哪里？马谡是三国中蜀国有名的谋士，熟读兵法，有战略眼光和谋略，深得诸葛亮的赏识。公元 225 年，蜀国南部少数部落叛乱，诸葛亮率军讨伐。马谡献计说，南方部落依恃地形险要和路途遥远，叛乱不服已经很久。即使我们这次将他们打败了，明天他们还会找机会造反。而且现在我们也没有精力和能力去管理这些部落。因此用兵作战的原则，建议以攻心为上，使其真心归服为好。诸葛亮采纳了马谡的建议，才有了“七擒孟获”的精彩故事，从此保证了蜀国南部的稳定。就是这么一个才华横溢、熟读兵书的人，到底在这一仗中犯了什么错误？

“置之死地而后生”，这确实是冷兵器时代兵法的一大准则，而其最为成功的案例就是楚霸王项羽“破釜沉舟”的典故。

公元前209年，项羽大军强渡漳河与秦军决战。他下令士兵每人带足3天的口粮，砸碎全部饭锅，砸沉所有渡船，并亲自带领将士向强大的秦军猛扑上去。将士们一看没了退路，无不以一当十，奋勇拼杀。最终以少胜多，大败秦军。

为什么同样一个兵法，项羽用就成功了，马谡用却失败了呢？

经过多次探就，方明认为，兵法所言“置之死地而后生”，是有一定科学道理的，是指人在危急的情况下，会发挥出很大的潜能，反而能转败为胜。项羽主动运用了这一原则，极大地调动了将士们的潜能，创造出了以少胜多的著名战例。

但是马谡则应用不当。首先，马谡所谓的“死地”，只是战略上的“死地”，而非战斗中的“死地”。被围在山上，从战略上看，敌军断水断粮，必死。但从战士的作战角度来看，山上又是他们的退路，不利于调动战士们必死的决心。其次，地形不对。项羽的将士，是平原进攻，每人看到的就是眼前这些敌人，敌人整体的强大实力是看不见的。马谡将士居高临下，一眼就能看见敌人强大的整体实力，未战先怯，如何拼命？最后，等到缺粮缺水，将士们意识到是必死之时，可能已没有拼命的体力了……

这个故事告诉我们，靠俗话、谚语来决策是不可靠的。虽然这些俗话和谚语都是人们生产、生活中历史经验的概括和总结，但是这些总结并没有认真界定其成功应用的边界条件，如果不加详察，反而误人误己。

何况，同一件事情，俗话和谚语往往有相反的表述。人们常说，做事要执着，“坚持就是胜利”，但又说，“退一步海阔天空”；人们常说，“身正不怕影子斜”，可又说“瓜田不折履，李下不脱冠”，如此一来，到底该听谁的？

用数据说话，重塑决策文化

为此，要大力推行科学决策，就必须克服用俗话、谚语来决策的习惯，重塑决策文化，大力提倡“用数据说话”的科学决策文化。

科学决策的本质，在于让数据说话，用数据洞察现实。所谓“说话”，通常含义是表达思想和观点，实质就是决策。“用数据说话”，就是用数据来决策。

如前所述，科学决策是“理”和“据”的结合，为什么这里只讲“据”呢？首先，“数据说话”可直接体现分析推理决策与经验常识判断决策的差别，是科学决策的外在特质。其次，数据之所以能“说话”，必须是建立在经济学与管理学的理论、方法与模型基础上。因为数据本身只能揭示事实，不能推理。因此“用数据说话”，就是以数为据，以现代经济学和管理学为理，用数据洞察现实，用数据来进行决策。“用数据说话”能高度概括科学决策的本质，又易于人们理解和执行，形成共识，可以成为一个“俗话”。

两千多年前的军事家孙子，就明确提出了决策要用数据说话。《孙子兵法》提出要“未战而庙算”，指出“多算胜，少算不胜，而况无算乎”。并进一步提出，“用兵之法，十则围之，五则攻之，倍则分之，敌则能战之，少则能逃之”，明确了敌我力量数据对比及相应的作战决策原则。

在当今资本具有充分话语权的时代，现代企业制度盛行，大多数企业所有权与经营权分离。企业经营者要想说服潜在投资人、股东、债权人对企业经营发展的支持，只能用数据来说话。用数据说话，已成为现代企业高级经营管理者的必备素质。

同时，由于移动互联网技术的发展，人类进入大数据时代。马云在2016年云栖大会上的演讲提出，未来经济发展需要依赖除传统资源（如煤炭和石油）之外的“新资源”，那就是大数据。如何利用大数据，如何挖掘大数据之中的金矿，成为未来企业经营竞争战略的制高点。用数据说话，利用大数据重构我们的经营与管理，重整我们的商业与经营模式，成为未来型企业领导的必修课。

要克服经验决策的习惯，就必须大力提倡“用数据说话”的理念，将其变成我们决策的文化。

要加强高层决策者的自我修炼

树立“用数据说话”的理念，关键在我们各单位的主要领导人员和高级管理者，因为他们是企事业单位的重要决策者。由于决策文化的提倡者和践行者都只能是高层决策者自己，这决定了新决策文化的建立，是高层决策者自我否定、自我改造、自我更新的一个过程，是一个自我修行、自我参悟、自我升华的过程，是一个“正心”进而“修身”的过程。

要加强对决策之“理”的学习

克服经验决策，要求决策者自己必须熟练掌握现代企业经营管理决策之“理”——经济学和管理学的基本理论和方法，学以致用，熟能生巧。这注定了“用数据说话”理念建立的过程，就是高层决策者自我学习、学以致用的过程，是一个“格物”从而“致知”、进而“诚意”的过程。

要加强调查研究

调查研究，是找寻决策之“据”的重要方法。用数据说话，核心在于取得合适的数据。现代企业经营管理中，往往产生海量的数据，如何从这些散乱无章的海量数据中，找寻到我们决策的重要依据，实是科学决策的一大难点。我们应用数据来进行决策，首先要确保数据能反映事物或问题的本质。但数据本身海量且杂乱无章，必须要经过合理的分类和整理，才能准确反映事物与问题的本质，才能成为决策的可靠来源。这些都必须建立在深刻的调查研究基础之上。

调查研究，也是决策之“理”学以致用的重要实现途径。经济理论浩如烟海，管理学说多似丛林，在实践中，用什么理论去解决实际问题，是科学决策的又一大难题。理论从实践中来，还得到实践中去。调查研究，才能使我们真正做到理论联系实际，从而实现学以致用。

要重视企业智库建设

理论浩如烟海，任何人都不可能精通所有经济与管理理论；数据多如牛毛，任何人都不可能把握所有的数据。为此，加强企业智库建设，建立企业自己的专家咨询团队，充分利用外脑，成为多数成功企业家的法宝。同时还要重视企业内部专家团队建设，树立专家文化，崇尚学术精神，加强数据分析和整理及应用，真正用数据来支撑决策，成为科学决策的重要保障。

决策支撑，践行管理会计

为了帮助企业经营管理决策者用数据说话，进行科学决策，国外的经济管理学家与财会学家开发了大量的管理会计工具，致力于建立管理会计体系。由于叫“管理会计”，在国内许多人就理解为是会计的事儿，因此管理会计长期以来没有得到企业高层决策者的重视。而且管理会计理论又大量讲解高深的经济学和管理学，更似罩上了一层神秘的面纱。

科学决策管理会计来帮忙

为了揭开管理会计的神秘面纱，方便大家理解管理会计，《管理会计那点事儿》一书从实践角度对管理会计进行了重新定义：

> 管理会计是针对企业经营管理中面临的问题，应用经济学和管理学的分析方法，利用会计表达工具，开展相关数据确认、计量、分类、汇总、解释、分析并报告的管理活动，最终解决企业实际问题的过程和相应的管理系统。

管理会计的本质就是“用数据支撑决策”，管理会计就是关于决策数据化的体系与技巧的学问。管理会计是用数据说话，进行科学决策的重要工具。

为此我们认为，建立管理会计系统是克服经验决策的习惯，建立用数据说话的决策文化的重要举措和抓手，是推行科学决策的重要途径。

第十九章
练就鹰眼，探秘决策技巧
——用数据洞察现实

雄鹰翩然盘旋于万米高空，洞察大地万物，敏锐的目光突然发现了猎物，会俯冲而下，直取目标！

鹰击长空

“练就鹰眼”，洞察天地，决胜千里，是每一个决策者的梦想！决策能力的核心是洞察力。客观世界千变万化，海量信息千头万绪。在决策中，敏锐地抓住事物本质，直击问题的要害，就要求决策者长上“鹰眼”，具有强大的洞察力。

“练就鹰眼”，关键在于用数据洞察现实。科学决策就是针对决策问题，以经济学和管理学的理论、方法和模型为分析工具，以反映客观现实的数据为分析依据，用数据开展分析推理，洞察现实，直击问题本质，最终形成解决问题的对策的过程。让数据说话，用数据洞察现实，是练就鹰眼的最佳方法。

为此，要善于将复杂的决策问题分解为一个个决策步骤。决策理论指出，要达成一个优秀的决策，从狭义上讲需要经过五个步骤：第一步，发现和定义问题；第二步，确定决策目标；第三步，制订备选方案；第四步，评价备选方案；第五步，方案抉择，形成最终决策。从广义上讲，决策还应增加两个步骤：第六步，决策执行；第七步，回馈评估，共需经过七个步骤。

决策执行和回馈评估，一般是作为决策管理的重要内容，不作为决策达成方法研究的重要内容，本书也不做重点探讨研究。为此，我们主要讲解决策形成的狭义流程：五步流程。只要我们按这五个步骤去分解决策问题，一步一步去探索，最终就能形成一个优秀的决策。

五步决策流程，对应着五个基本的要素：问题（Problem）、目标（Objectives）、备选方案（Alternatives）、结果（Consequences）、取舍（Tradeoffs）。为了便于记忆，有人将其缩写为 PrOACT①。

按流程分步决策，不能改变决策问题的实质，降低决策问题的复杂性，但可以通过对决策过程的分解，帮助我们将复杂的决策问题分解开来，逐步清晰、分步解决、各个击破，最终形成优秀的决策。决策中，遵循 PrOACT 流程，是我们练就鹰眼的第一步。

不同的决策问题，其决策难点和重点，呈现在不同的决策环节。书中的 17 个决策故事，难点各异，为此，我们通过对本书决策故事的总结，来探讨五步基本流程的决策技巧和经验，以帮助大家练就鹰眼。

---

① 约翰·哈蒙德（John S. Hammond）在《决策的艺术》一书中，将决策方法前五步概括为 PrOACT 要素。

发现和定义问题

人们常说：找到问题，这问题就解决了一半。这句话实际上是强调在决策中找到问题是多么的重要。找到问题，就是发现和定义问题，是决策的第一环节。在企业经营和管理中有许多问题，有的问题长期存在，但大家熟视无睹，一直不当回事儿，也就谈不上解决问题；也有不少问题，大家都“知道”，却长期存在，找不到合适的解决办法，原因就在于不能准确地定义问题。只有发现并准确地将问题揭示出来，引起高层领导的重视，才能解决问题。

发现问题，是解决问题的前提

第一章福氏工厂供货管理漏洞案例显示，问题其实很简单，但漏洞却很大，且长期没有被发现。它启示我们，企业经营和管理中的许多管理漏洞长期存在的根源在于熟视无睹。

“备周则意怠，常见则不疑”。准备很周全，人就容易轻懈；经常看见的东西，大家就不再怀疑。管理者虽然经常高度紧张，总是担心有什么管理漏洞，但反而容易产生“熟视无睹”的现象。如何克服这种现象呢？在此我们总结出以下两点。

1. 在思维上，创建负面分析模式。负面是相对于正面而言的。一切有利于经营管理的事项，为正面事项，相应的一切不利于经营管理向好的方向发展的事项，就为负面事项。如收入是正面事项，成本和费用就是负面事项；进货良品是正面事项，进货次品就是负面事项；顾客增加是正面事项，顾客减少就是负面事项；顾客表扬是正面事项，顾客投诉就是负面事项。负面分析模式，就是要对经营管理中可能出现的负面事项，进行定期系统的梳理，查找问题形成原因，并制定改进措施。定期开展负面分析，建立负面事项预警机制，并形成一种管理模式，就能有效防止对管理漏洞的“熟视无睹”。如我们许多企业都对存货、应收账款等负面事项，开展常规的运营监控，就是有效防止存货和应收账款不正常增长的有效手段。

2. 在方法上，要找到“透视工具”，做到对负面事项透视无碍。有正面就一定有负面。大凡负面事项，必有它产生的必然性和合理性。有收入就一定要产生相应的成本和费用，这是必然的而且合理的。但是成本费用过大，那就不是必然的、合理的，它在必然性和合理性中，又隐藏着不必要与不合理的部分。这就容易使我们的管理者经常对这些负面事项中隐藏的管理漏洞视而不见、听而不闻。为此，我们不能简单凭感觉进行判断、进行决策，要对这些负面事项进行 X 光扫描、进行“透视”。将问题指标化，就是对问题透视的 X 光机。找到合适的指标，将问题指标化，进而数据化，就可以进行数据统计分析，即进行 X 光扫描，立即就能对问题形成一个准确的量化概念，就可以用数据来说话，从而找出问题的根本原因，进而可以设置控制点，开展有效的控制活动，最终有效解决问题。

准确地定义问题，是解决问题的基础

第二章的案例不同于第一章，发现问题较为简单，就是“首饰厂出现经营危机”，但这仅是问题的表象。如何准确定义问题，成为本案例的关键和难题。首饰厂面临经营危机，集团总部派出由一位副总带队的专题调研组进驻首饰厂，通过与干部和群众的大量谈话，将经营危机最终归因于厂长无能，实际上并没有定义好问题，即真正找到问题的关键。最后将厂长撤换了，指望新任厂长能妙手回春、起死回生。而后任厂长看来也没有抓住问题的关键，进而找出问题的解决办法，最终也落得与前任相同的下场。

同样，在第十章的案例中，虽然大家都认同了大厦商品结构同顾客结构存在错位，但究竟如何错位，一直没法准确定义，因而也无法指导大厦管理层进行商品结构的调整。

而东方公司巨亏分析案例，更进一步说明准确定义问题对解决问题是多么重要。如果方明还是按大家争论的问题——纳税人的钱是否应该去支持一个扭亏无望的国有企业，去研究对策，就不可能产生决策结果。方明将问题高度抽象为——财政投入支持液晶产业发展的绩效如何评价，从而成功促成了问题的解决。

准确地定义问题，是解决问题的基础。为此，就如何准确定义问题，总结如下。

1. 对于企业脱困类决策事项，找到困境产生的根本原因，是准确定义决策问题的关键，也是弄清决策之“理”的关键环节。企业的许多经营管理决策，是为了解决企业所面对的经营管理困境而开展的。只有将困境产生的根本原因弄清楚，才能有针对性地制订摆脱困境的可行方案。因此，定义决策问题的核心在于描述清楚困境产生的根源。但是人们往往容易被问题的表象所迷惑，而看不到问题的实质。

第九章的案例，问题也看似显而易见——工美大厦经营亏损，但这个问题却长期得不到解决，其根本原因在于无法准确定义问题的核心：究竟是什么原因造成身处天街这么大客流的商场巨额亏损？咨询机构通过大量调研得出的结论是：大厦亏损的原因是由于大厦销售的产品不适销对路，销售收入达不到盈亏平衡点。这几乎是不用调研也能推导出来的原因，无法说服企业的领导层，因而不能形成商场管理团队对问题的共识。

同样，在第十四章的案例中，绝大多数行业内人士都将东方公司巨亏的原因归结为东方公司的成本劣势，方明却没有随波逐流，而是用数据说话，认真分析成本与价格的数量关系，最后将问题关键聚焦到价格不正常暴跌上。价格异常变动，不正常暴跌，揭示出这背后隐藏着的垄断企业不对称竞争博弈理论模型。以此作为钥匙，方明找到了困境产生的根本原因，破解了东方公司巨额亏损之谜，从而促进了问题的解决。

2. 对问题的定义必须数据化。为了不被问题的表象所迷惑，直击问题的本质，必须用数据说话。用数据说话，是发现问题本质的重要手段，也是形成管理层对问题产生根源的共识的重要方法。

在第九章的案例中，咨询机构得出大厦亏损的原因是大厦销售的产品不适销对路的结论，这是正确的，但只是表象。它们没有进一步将这个问题指标化、数据化，找到问题的根源，因而无法说服企业的领导层，进而形成对问题的共识。而方明通过对工美大厦具体的顾客消费结构分析，用数据说话，从而找出工美大厦长期扭亏失败问题的根本原因是市场定位错误，最终被大家所认同。

3. 将问题指标化，是问题数据化的关键环节，是发现问题、定义问题的重要技能。找出反映问题的关键指标，将问题指标化，就是找到决策所因之“理”的过程。

在第一章的案例中，也许有领导在第一次看见满屋子废料时曾向供销科询问过原因，但由于没有将问题指标化，从而形成数字化的概念，因而对问题的严重性没有足够的认识，而听供销科科长们一解释，国产厂家不好找，再抱怨一下，民用产品标准不适合汽车用，也就深以为是，时间长了就会熟视无睹。

许多时候，找到反映问题的关键指标并不如第一章中找到供货良品率指标那么简单直观，而是一个需要创造性工作的过程。第十章的案例中，用各品类商品占用商业经营面积这个指标，来表征大厦的商品结构，发掘起来就有较大难度。方明敏锐地发现，商品销售比例结构不能代表商场商品结构，而各品类商品占用大厦的核心资源——商业经营面积，才是商品结构的最佳表达指标。

在第九章的案例中，方明为了进一步找到“产品不适销对路”的根源，分析了“产品不适销对路”涉及的两个要素：顾客和产品。要想将问题数据化，必须对这两个要素进行指标化和数据化。顾客又进一步分为来到天街的顾客和在大厦购物的顾客。来到天街的顾客构成，天街办有数据统计，关键是在大厦购物的顾客和产品的关系如何指标化和数据化。方明将到大厦购物的顾客根据工美产品消费特点进行了重新分类，并用每类顾客在大厦的购物销售额作为关键指标，将顾客和产品两个要素联系起来，从而实现了对问题“产品不适销对路”定义的指标化和数据化。

4. 对事物适当分类，是认识事物的基础。分类是人类认识世界的基础，人类知识的进步，都是从分类开始的。中国古人的阴阳观与五行分类、亚里士多德对学科的分类，都深化了我们对客观世界的认识。只有通过适当的分类，才能认清事物的内在结构，从而将问题结构化。在第十章的案例中，方明打破常规，将商品按经营特性重新分类，看似简单，实则体现出了方明对企业经营特质的本质理解和把握，从而找到了商品结构的内在问题。

5. 创新性地应用现代经济管理理论，是找准研究决策所因之“理”，理清研究分析的思路，并找到反映问题关键指标的重要法宝。企业经营管理决策之“理”，主要来源于经济学、管理学的理论和方法。但是如果要创新性地应用这些理论和方法，解决实践中的问题，

分类是人类认识世界的基础

不仅需要丰富扎实的经济学、管理学理论的基础，还必须有高超的应用技巧，是决策实践中的一大难题。

在第十四章东方公司巨亏分析案例中，应用消费者剩余这个概念，作为政府投入绩效评价的关键指标，是这次成功决策的一个关键。

经济决策理论是对现实问题进行高度数理化抽象而提出的，在实际应用中，要认真分析其所适用的前提条件，并根据实践问题，进行灵活变通的改进应用。

在第二章的案例中，方明应用管理学基本理论，找准研究决策所因的“理”，从而理清调研突破的思路，准确定义问题，是本次成功调研的关键。针对困难企业，方明从企业管理的首要目标——生存着手，利用了盈亏平衡分析的基本原理，并变通应用，提出了明确的调研思路。第一，弄明白企业如何生存，即企业需要多少钱才能维持基本生存；第二，弄明白企业靠什么生存，即企业各业务板块能赚来多少钱；第三，将“首饰厂出现经营危机”这个问题表象，进一步数据化定义为“企业维持基本生存面临的收支缺口”，企业的收支缺口，就是企业生存面临的问题；第四，在问题定义清楚后，再去研究有可能的增收与节支项目，看看如何能将企业收支缺口打平，从而提出企业摆脱困境的措施。收支结构分析是企业经营管理数据化的重要工具。

6. 将问题数据化定义完成后，如何获取数据，做到决策有“据”，也需要开展大量创新性的工作。

在第二章的案例中，方明创新性地利用经济学对产品成本性态的分类，将企业费用也分为固定费用和变动费用，是成功将首饰厂的收支大账调研清楚的一个重要技巧。将各单位按是否挣钱进行分类，分开费用类部门和经营类部门。经营类部门内部的各种成本费用，实际上就作为了变动费用处理。通过以上处理，使得收入和支出结构很清晰，将决策所需之“据”清晰地整理出来了。

在第九章的案例中，方明巧妙利用收银台进行调研数据收集，是成功完成分析的一大因素。看似一张简单的调查问卷，需要所有收银员持续坚持两个月，劝说每一个顾客填写调查表，并将顾客的购买数据同其调查问卷相对应，进行记录和整理，这其中需要巨大的工作量。

确定决策目标

决策的第二环节是确定决策目标。决策目标，是我们的决策想达到的目的，是我们决策的出发点和归宿，是我们通过决策并采取相应行动想实现的最终结果。相此，决策目标是我们决策的好坏或成功与否的判定标准，是决策中各种方案权衡取舍的基础。决策目标引领我们的决策过程，确定目标对我们做出正确合理的决策非常重要。

实践中，许多决策，其目标非常明确，如对企业脱困类决策，其目标就是要摆脱企业困境，要扭亏、堵住管理漏洞等。但也有一些决策事项其决策目标难以确定。

在第十六章的案例中，从理论上看，考核体系设计的目标应该以实现企业的战略为目标。但由于东兴集团对各子企业战略定位不清晰，战略目标不明确，因而无法清晰表述考核体系设计要实现的目标是什么，从而造成决策目标难以确定。对于如何确定好决策目标，我们总结如下。

认真分析多种目标，注意识别潜在目标

在我们面对复杂的决策时，决策者可能有多种“关切”或“需求”希望通过决策来实现，必然要面对多种目标。如在第十六章的案例中设计考核体系时，方明就面临多种“关切”：既要实现集团公司领导改革考核体系的要求，又要实现让考核对象接受，不产生抵触情绪的目标；既要倡导绩效优先，又要兼顾公平，因为国有企业客观上存在大量的历史问题，不仅产生不了效益，还会拖累企业绩效指标，而经营管理者还不得不付出大量艰苦的工作。

同时，有的复杂决策事项可能涉及多个决策主体，每个决策主体有不同的目标，使得确定决策目标异常复杂。如第八章中的宏华公司重组案例，决策主体涉及工美集团、外方大股东宏健先生和宏华公司管理团队，他们的目标各不相同。为此，方明的技巧是，将自己作为决策主体以及其他各个决策主体对决策目标的一切“关切事项”以文字列示出来。为了尽可能地列全，有时需要不断地自我反省和调研。同时，将这些关切事项表述尽量简化，比如统一以一个“动宾词组”来表达。

在分析多种决策目标时，要注意发现潜在的决策目标。如在多个决策主体的决策事项中，就潜藏了一个决策目标：决策方案必须要平衡、协调各决策主体的利益诉求。如第十七章中的借壳重组方案，涉及多方利益，本质上是一个复杂的多方利益博弈方案。如果不能将各方利益量化分析到位，就很难制订出各方利益平衡的方案。

高度重视决策目标的确定，正确识别手段和目标

正确识别决策的目标和实现目标的手段，对于我们正确合理确定决策目标至关重要。在我们的决策实践中，由于对决策目标的确定重视不够，经常发生将手段当目标的情况。如许多企业都在不断"改革"考核体系，但是由于对考核体系改革的目标研究不充分，将"改革"作为决策目标，常常形成为改革而改革，换汤不换药，并没有真正起到改革的作用。

多问"为什么"，是我们辨识目标与手段的不二法门。面对多种"关切"，多问为什么，而且要一层一层地展开，不断问下去，直到无法进一步展开为止，以探究其背后的深层次动因，从而确定决策的根本目标。如在第十六章的案例中设计考核体系时，必须问："为什么要重新设计考核体系?"有人说："是为了引入世界上先进的考核体系。"那我们就应该进一步追问："为什么要引入世界上先进的考核体系?"有人说："是为了实现公司的战略。"那我们就应该进一步追问："为什么引入世界先进的考核体系能有助于实现公司战略?"直到最后得出结论："改革公司考核体系是为了激励下级经营者实现公司战略目标。"只有多问为什么，才能区别开决策的目标和手段。"引进世界上先进的考核体系"只是手段，不是目标，而"激励下级经营者实现集团公司发展目标"才是我们设计考核体系的真正目标。

最优目标往往是不现实的，“满意”目标、“合适”目标，往往是实践中最实用有效的目标

在第十六章的案例中，由于集团公司还没有成熟的战略，因而无法确定考核体系设计的最优目标。方明没有盲目求“洋”，追求最优目标，而是循序渐进，将集团改革目标作为考核体系设计目标。为此，方明在确定考核体系设计目标时，将本次绩效考核设计的首要目标，定为破除唯规模论，倡导绩效优先，引导企业做强、做精主业。这样就使考核体系设计比传统的考核办法能有所改革和前进，从而获得领导的认可。这充分说明，考核办法没有最好，只有更“适合”。

重视“未来”，确定目标要“以未来为导向”

企业经营管理是为了企业的基业长青，我们今天的任何决策，实际上都是在为企业的“未来”决策。在我们思考、确定企业重大经营决策时，一定要面向未来，以未来为导向，想清楚企业未来发展的需求是什么，弄明白企业未来的发展对我们今天的决策将会提出什么要求，从而在确定决策目标时，能充分体现未来导向。

在第十七章的重组案例中，方明重视未来，立足未来，站在未来重组成功后上市公司的角度，来思考和规划重组方案，确定了“保持未来持续的赢利能力”和“排除可能潜藏在壳中的法律风险”作为重要的重组决策目标。因而在重组伊始，方明就强调未来赢利能力规划；在借壳谈判中，始终将排除可能潜藏在壳中的法律风险作为一项重要任务，提出法律风险抵押，进而演化出以股抵费并进行风险质押的双赢方案。

现实中，不少公司的重组项目，在确定重组目标时，未能以未来为导向，致使重组目标不合理，为重组而重组，追求短期利益，造成项目事实上的失败。有的重组项目将股票停完牌后，经过几个月推进，才发现项目不可行，而终止了重组，徒耗时间金钱；还有的项目停完牌后，往往一两年都无法完成重组事项，错过重要的战略机遇期而后悔莫及；也有不少项目重组后，反而成为上市公司的负担，拖累上市公司发展。

制订备选方案

决策的第三个环节是制订备选方案。备选方案，就是可能解决决策问题、实现决策目标的行动方案，也是可行的备选方案。

制订备选方案环节的工作质量，直接决定了决策的质量。因为备选方案是决策的基本素材，决策的结果，就在这些备选方案中产生。如果备选方案中没有包含“最佳方案”，决策也不可能产生出“最佳方案”。

在企业的决策实践中，许多时候，找到“最佳方案”往往是决策中的最难点。在第六章的案例中，如何找到创新性的促销方案，找到款式陈旧落后的库存首饰的卖点，是决策的关键和难点。在第七章的案例中，如何形成最优排产方案，是经理们头痛的问题。在第八章的案例中，决策的关键和难点在于如何形成一个股东双方和企业管理层都能接受的方案。在第十二章的案例中，方明踏破铁鞋，一直在寻找工美大厦扭亏脱困的方案。

为此，我们就如何制订备选方案，总结如下。

从目标出发，是我们寻找备选方案的重要抓手

在决策的上一环节，我们明确了决策的目标。在我们寻找备选方案时，就要善于利用这一成果。要针对每一个目标，设想“怎么做”才能实现这一目标。从目标出发，根据企业的内外部条件，我们就可以构想出许多实现目标的可能方案，并将这些可能方案一一列出。

注意，我们所说的备选方案，必须是可行方案。为此，要将那些明显不可行的方案排除出列表，以简化决策。

在第八章中的宏华公司重组决策中，方明始终坚持重组成功的一个重大决策目标：必须要平衡、协调各决策主体的利益诉求。从这一目标出发，不断构思各方可接受的方案，最终成功找到最佳重组方案。

以“突破正常逻辑”进行思考，是发现创新性备选方案的重要方法

为经验所困，为多数意见所左右，是决策者常见的囚笼困境。特别是当决策事项需要很多经验和技巧的情况下，决策者往往容易被“惯例”、“经验”和“权威”所左右。打破决策的囚笼，以“突破正常逻辑”进行思考，往往能找到创新解决方案。在第六章的案例中，方明发现在制订促销方案中遇到的主要问题是：按正常的首饰销售逻辑，这些产品没有卖点。创新性的思考的基本方法之一，就是针对这个问题，以问题为导向，看看能否打破“正常的产品销售逻辑”：以新颖时尚的款式为卖点，创造出新的卖点。本例中，产品款式没有卖点，方明利用了“黄金珠宝本身在人们心目中是有价值的”这一新逻辑，从“价值”上做文章，成功的让老百姓觉得“特别的值”，这样，产品过时、款式老气的毛病就有可能被大家所忽略，从而创造出新的卖点。

以“改进缺陷为出发点”，也是寻找备选方案的重要思路

对许多“变革性的决策”，在制订备选方案时，要充分研究吃透过去方案的缺点，以“改进缺陷为出发点”，有针对性地采取措施，往往能制订出行之有效地克服过去缺陷的方案。在第十六章的改革考核体系的案例中，方明针对传统考核体系以财务总量指标为考核的主要量化依据的缺点，进行了深入分析，发现了总量指标考核可能给企业价值带来的负面影响，从而有针对性地设计出考核利润指标，替代总量利润指标，成功实现了方案创新。

“发挥优势导向”，往往能发现出奇制胜的好方案

一切竞争战略的核心，就在于扬己之长，克敌之短。企业在市场竞争中，只有充分发挥企业在竞争中的独特优势，才能战胜竞争对手，立于不败之地。在我们制订企业经营管理决策可行方案时，从企业具有的独特竞争优势出发，研究如何进一步发挥出企业的优势，往往能找到出奇制胜的好方案。

正是基于此，方明在第二章的首饰厂脱困案例中，提出了应该回避香港、深圳首饰设计与生产的优势，充分发挥首饰厂黄金指标多、地处南新市大消费市场的优势，整合、利用深圳首饰加工厂款式先进、同香港接轨的长处，将经营重点转向黄金首饰批发和零售业务的经营调整战略。

方明在第八章的宏华公司重组方案制订中，深入思考如何充分发挥宏华公司的最大优势，从而有效识别出企业的核心价值，制订出了一个出奇制胜的重组方案。

多数人主要从传统财务价值角度分析宏华公司的价值。破产方案支持者采用资产基础法，即利用企业的资产负债表来分析企业的价值，将企业账面资产进行一一评估作价，来分析企业的价值。资产基础法是将企业拆成一个个分离的无生命活力的资产，通过清算变卖这些资产来评估企业价值，因此这种方法主要体现企业有形资产的价值，主要适用于对企业清理停业时的价值判断。宏健先生则采用收益法来看待企业的价值，即通过对企业利润表进行分析，对企业未来收益进行预计，利用未来收益来计算企业的价值。这种价值分析方法将企业作为一个有机整体来看待，主要适用于企业承续状态下的价值判断，而宏华公司生存维艰，这个方法自然也不可取。

方明从寻找企业优势出发，找到企业最大的优势资源——品牌、设计队伍和经营网络，完全跳出了传统财务价值理念，直接分析企业的核心价值，找出企业核心价值元素，从而成功策划了企业的重组方案。

重视赢利模式分析和重构，往往能提供解决企业深层次问题的方案

在第九章、第十章、第十一章的案例中，方明按正常方案研究逻辑，当企业遇到经营发展困境时，一般先从市场营销角度找原因。大多数企业的经营困境，是企业市场营销失误造成的。正常情况下，通过营销策略问题分析和调整，企业会重新走上健康发展的轨道。但还有许多时候，在企业的经营管理模式背后，还隐藏着深层次的经营管理行为决策模式，难以被决策者所洞察，造成企业正常的营销策略调整方案不能解决问题。在第十二章的案例中，当所有的营销改革方案都无法解决工美大厦的经营困境时，方明才意识到企业遇到了更深层次的问题，必须进行更深层次的业务变革，而首要的就是赢利模式的变革。方明由于前期没有摸索出这一规律，所以一直不得要领，找不到进一步解决问题的办法。

运筹学能直接提供某些企业经营管理决策问题的最佳备选方案

运筹学是现代经营管理决策的重要工具。企业总是在有限资源条件下开展经营活动，如何实现有限资源的合理配置，发展企业经济，是企业经营管理者的重要任务。运筹学是研究经济管理系统中人、财、物等资源统筹安排的最优方案，因而是实现企业经济的重要工具，是实现决策数据化的重要方法学。

运筹学将经营管理实践中的问题进行归类，并针对不同类的特定问题，进行合理的数理抽象，形成数学模型，进而提供该类问题的专门的数理解决方法。如果我们熟悉运筹学的相关原理和方法，遇到相关类型的问题就能将其应用到实践中去，实现决策科学化。

在第七章的案例中，方明能成功化解排产问题，关键在于他熟悉运筹学相关知识。首先，方明能立即意识到，这个产品排产问题，可利用运筹学相关知识进行解决。其次，方明能很快将这个排产问题转化为线性规划模型，从而使问题得以最佳方案解决，并产生良好的经济效益。

运筹学，利用现代科学技术知识和数学方法，为决策者在实际工作中解决某些专门问题提供最优决策依据，已成为一门重要的决策科学。

评价备选方案

评价备选方案，就是根据确定的决策目标，分析评价每个备选方案与目标的契合度。备选方案制订出来后，如何根据决策目标，来评价备选方案达成决策目标的优劣，成为决策的一个重要环节。

许多时候，如何有效评价备选方案，成为决策中的难点。在第三章中工美大厦更名案例中，决策的关键就在于如何评价每个备选方案对原商场的美好商誉的继承程度。人们往往习惯于应用经验来判断，因此无法理解方明的方案。

有效评价备选方案，有时候并不是一目了然，还需要用到经济学和管理学的理论与方法。在第十章的案例中，如何正确评价商品结构的优劣，是决策中的难点，需要创造性地应用经济学的知识。方明将工美大厦的商品进行了重新分类，并利用数据挖掘，将各类商品销售占比统计出来了，但如何解读、如何据此评价商品配置方案的改进，各方却争论不休。绝大多数人认为，传统工艺美术品销售最多，占了大厦全年销售收入的47%，这说明传统工艺美术品最好销，最适销对路，应该增加它们的配置。而旅游特色工艺品和现代礼品，销售收入位列倒数前两名，分别占大厦全年销售收入的约4%和12%，说明这两类商品销售差，不适销对路，根据末位淘汰原则，应该减配。这个结论同根据工美大厦顾客定位研究得出的结论却是矛盾的。

为此，方明通过深入研究，发现了“平效”分析这个有力工具，找到商场单位面积创效指标，从而成功分析了工美大厦商品结构中存在的问题。这里方明创造性地应用了经济学中总效益函数与平均效益函数、边际效益函数的关系分析方法。效益函数理论认为，当边际效益函数为 0 时，总效益函数最大，而不是平均效益函数最大时，总效益函数最大。但这个结论存在的前提是自变量——资源可以不断供给。方明发现，对商场来说，核心资源商业面积是恒定不变的。商场效益最大点，就是商场面积平均效益最大点，而不是边际效用函数最大的问题。因此，“平效”分析是商场效益优化分析的重要工具。

为此，就如何有效评价备选方案，我们总结如下几点。

认真测算各备选方案结果，用数据说话

要评价各个方案的优劣，首先要对各方案实施后可能的结果进行认真地测算，并用数据说话，编制目标方案结果列表。现代企业经营管理面临越来越多变的竞争环境，许多方案可能产生的后果往往很难通过经验进行判断。如果不认真测算出方案的数量化结果，就难以对方案进行有效评价。用数据说话，成为方案评价的重要依据。

在第十七章的借壳重组方案中，涉及多方利益，本质上是一个复杂的利益博弈方案。如果不能用数据说话，将各方利益提前量化分析到位，就很难判断预备方案是否能平衡各方的利益。方明在借壳前先明晰了借壳的标准和目标，在实际寻找壳资源的过程中，对借壳完成后的可能结果都进行了认真地模拟测算，从而在借壳谈判中做到心中有数，最终能拿出利益相关方都满意的重组方案，并调动重组各方积极性，确保重组顺利进行。通过本案例也说明，许多时候，在我们制订方案的同时，也是评价方案之时，而且备选方案的制订过程本身就是不断制订、评价、修改、再评价、再修改的过程。

找到合适的评价指标，是方案评价做到用数据说话的关键

多数情况下，决策的第一步，在定义问题阶段，只要能将问题合理地指标化了，评价指标一般就顺理成章地出来了。但有的时候，问题指标和评价指标可能不一致。如在第十一章的案例中，商品配置问题指标化为“各商品占用商场的经营面积”，但如何评价当前商品配置方案是否合理，却需要方明创新性地利用经济学的知识，找到平效分析工具，最后利用各主要商品的单位面积创效指标，进行平效分析，作为评价各主力商品布局结构好坏的依据，实现了对主力商品配置方案好坏的评价。

模拟分析方法是测算方案结果、评价方案的重要工具

模拟分析方法，可以很方便地用于测算各备选方案结果，是决策研究中常用的工具，各级管理者要善于应用这一工具。在第十二章的案例中，方明通过模拟计算得出，2001 年，如果工美大厦将效益低下的自营业务全部转变为联营业务，经营水平维持在 2000 年不变，则工美大厦 2001 年将实现利润 1 347 万元，而不改变经营方式则亏损 510 万元。正是因为这个模拟分析，使得方明提出的赢利模式调整策略，其未来成效看得见摸得着，立即得到各级管理人员的高度认同。

“带数穿行试验法”，是模拟分析方法派生出的一种过程分析。在第十三章的案例中，方明将大家认为高深的新股申购决策中的风险，成功进行了数量分析，其所用的技巧可称为“带数穿行试验法”。所谓带数穿行试验法，就是模拟一次具体的业务运作，将数据带进去，一个步骤一个步骤地进行计算，得到具体的过程量，从而通过对各过程数据量的分析，对该事项进行风险分析和判断的方法。

方明假设用1亿元资金进行新股申购，先算出真正能形成投资的仅为30万元，使大家明白了不是投资的1亿元；进一步计算出这30万元投资如果面临风险，可能损失仅为3万元；再进一步，由于历史中买成新股亏损的案例仅有5个，从而总体上肯定赚钱没有风险。带数穿行试验法，也是方案评价的重要工具，是解决复杂问题数量化分析的一个重要方法。

要善于根据问题需要“创造”数据

决策中需要的数据，很多时候是没有现成的，需要我们根据所研究的问题，通过调查和专家分析得来。

在第三章的商场更名案例中，关键就在于如何评价每个备选名称方案对原商场的美好商誉的继承程度，但没有数量化的指标和直接的证明数据。人们大都容易被事物的表面现象所左右，习惯于认为企业知名度高，企业的名称大家一定都知道。方明能透过现象看本质，认识到企业的知名度可能只是落实在各种要素上，而不一定是企业的名称上，继而敏锐地意识到，企业巨大的无形资产，并没有体现在“南新工艺美术服务部”这个店名上，而是体现在“金街”、“工艺美术”和“商场”这3个要素上。为此，方明通过设计调查问卷，开展电话调查，获取方案评价所需要的数据，由此获得了决策分析所依的“据”。

方案抉择

多个备选方案制订出来后，决策进入了第五阶段，也是狭义决策过程的最终阶段，方案抉择或方案取舍阶段。方案抉择，就是从众多的备选方案中，选取最符合我们决策目标的方案，作为最后的执行方案。

多数人认为，只要将各备选方案的优劣评价好了，选择方案就是很容易的事情了。一般情况下，确实也是这样。但是对于较为复杂的决策问题，方案决策就成为领导者的重大难题，也是领导者领导能力的重要体现。

方案抉择的难度，客观上取决于决策问题的复杂程度。决策问题越复杂，往往方案抉择的难度越大。而决策问题的复杂程度是客观的，是我们不可能左右的。

复杂的决策问题，往往有多个决策目标，目标之间可能产生相互的冲突，而且这些众多的决策目标，还没有统一的比较标准。如我们准备开展职工宿舍改造项目，决策目标是要少花钱，但是还要职工满意。“少花钱”和“职工满意”这两个目标之间，有可能是冲突目标，企业想少花钱，而职工希望企业多花钱，将宿舍改造得好一点，而且这两个目标没有统一的比较标准，“少花钱”可以用花钱的金额进行衡量，“职工满意”如何衡量？

“决难”

如何协调众多决策目标，本身就是一个异常复杂的问题。因为现实中，每一个可行的备选方案都可能不是最优方案，针对不同的决策目标都各有优点和缺点，不可能同时满足每一个决策目标。

为此，我们针对如何有效抉择，总结如下。

加强决策前四个环节的数据化程度，可有效降低抉择难度

方案抉择的难度，从主观上分析，更取决于我们在决策前期环节的数据化程度。决策前期环节的数据化程度越高，越能有效降低方案决策的难度，使得我们的方案抉择起来越容易。而决策前期各环节的数据化程度，是我们通过决策技巧的训练，可以改进和提高的。

在第三章的商场取名案例中，因为方明开会前没有准备，拿不出数据，只能简单地从理论到理论进行论证说服，导致方明的方案在抉择中没有被大家所选中。用数据说话，是提高方案可接受性的重要法宝，是管理者统一思想、协调目标的最有效的工具。试想，如果方明在开会前就做好了调研，拿出调研数据，可能决策结果会完全不一样。因此决策前期各环节的数据化，是方案抉择的重要基础。

创新性地应用经济学中的优化理论和方法，可以有效明确抉择的原则和方法

第十章、第十一章和第十二章的案例中，方明在决策前期指标化、数据化的基础之上，善于创新性地应用西方经济学的效用函数和效用最大化原则，作为方案抉择的准则，成功破解了“决难”。

方明通过认真地调查分析发现，工美大厦还处于工美大厦旧楼拆除前的以商品经营为中心的经营和管理模式中。这种模式产生于卖方市场条件下，只要能抓来产品，就能卖出去创造利润，楼层经理们的核心工作是进货，企业将大部分人、财、物等资源投入对商品的经销和代销中，企业考核的重点是某类商品的经营绩效，而商场整体的绩效被忽视了。

方明敏锐地发现，在这种经营管理模式下，楼层经理们本质上成为一个个商品经理，在他们的潜意识里，实际深藏着一个经营行为决策模型，支配着他们的经营决策。

方明将效益函数理论应用于商场经营，构造出商业效益函数。核心资源是商场面积，假设为S，商场总效益为F，则某商品占用商业面积创造的总效益函数为：

$$F = f(S)$$

效益函数理论认为，当S较小时，某商品创造的总效益F，随着该商品占用的经营面积S的不断增长而不断增长。此时S每增长1平方米，所增加的总效益F，就叫作S的边际收益。当S不断增长到一定值后，总效益F不再增长，此时S为0，没有了边际效益，总的效益F达到最大值。换句话说，当边际效益函数为0时，总效益函数最大。

方明发现，上述的商业效益函数，正是某个具体产品的经理，为了实现该产品产生的最大效益，去争取商场更多商业资源配置的优化模型：在出现边际收益为负之前，只要我经营的产品占用的经营面积越多，其产生的经营收益就越高。

这正是我们的楼层经理潜在的经营行为决策模式，也是第十章的案例中，方明将各类商品销售占比统计出来后，绝大多数经理们认为，传统工艺品销售占了大厦全年销售收入的47%，说明传统工艺品最适销对路，应该增加它们的配置的深层次原因。

正是基于西方微观经济学中效益函数最大化的理论，方明针对商场经营方案优化判断进行了相应创新性的应用思考。

首先，从商场整体效益最大化考虑，边际效益为0原则不适用。

对商场来说，核心资源商业面积是恒定不变的，不存在面积增加产生边际利润问题。商场效益最大点，就是商场面积平均效益最大点，而不是边际效用函数最大点。为此，从商场角度，进行“平效”分析，平效最大，就是商场总体效益最大。

其次，应以西方经济学中的效用最大化原则来决定各类商品配置策略。

经济学中有一个效用最大化准则。这个准则说，如果你有10元钱，想吃两种小吃，当剩最后1元钱，无论买哪种小吃，你都感觉一样满足的时候，你这时获得的满足感是最大的。用经济学术语来说，当消费者以一定的货币消费多种产品时，一定要使最后1元货币所取得的边际效用彼此相等，这时消费者获得的总效用最大化。

用数学表达方式，设商场总效用为F，商场经商面积衡定为S_0，商场经营n种商品，各自占用的经营面积为S_1，S_2，...S_n，各自创造的效用为F_1，F_2，...F_n，则商场总效益函数为：

$$F = f(F_1, F_2, ... F_n)$$

按照西方经济学效用最大化准则，对于商场来说，经营面积就相当于消费者手中的货币，只有当各种商品所占用的单位经营面积创造的效用相等时，才能实现商场总效用最大化。

即当 $F_1/S_1 = F_2/S_2 = ... = F_n/S_n$ 时，商场总效用F最大。

正是基于这一方案优选准则，方明发现了工美大厦各种商品单位面积创造的销售收入差异非常大，商品布局极不合理的问题，并于第十一章的案例中提出了工美大厦商品结构调整策略：平效相等原则。

但也正是因为楼层经理们的商品结构调整行为实际上还是处于“惯性思维”中，还在依据他们的最优商品配置策略——边际效用函数为0的策略，来配置商品，这种行为决策模型同方明的平效相等原则是矛盾的，最终导致方明的商场调整策略事实上施行不下去。

这一案例有力地说明，明确抉择的原则和方法，对于有效抉择至关重要。经济学中的优化理论和方法，是对人类经济优化抉择行为的高度抽象和理论化，是我们抉择的重要指南。

熟练应用多种方法，协调多目标下的抉择

复杂的决策问题，往往都是有多个决策目标，这些众多的决策目标，可能没有统一的比较标准，而且还可能相互冲突。如何协调多个目标，是方案抉择的关键。

优先排序法是人们较常运用的方法。在第三章的商场更名案例中，有两个决策目标：一是要“大气”，二是要能体现商场多年形成的美好商誉。这两个目标事实上在取名方案中形成了冲突。工美大厦的领导们处理该冲突的方法，我们称为优先排序法，即不管有多少个目标，我们进行优先级排序，方案抉择以满足优先级排序较高的目标为主要准则。本案例中，以“大气”为最优先目标，“传承商誉”作为次要、辅助目标，因此工美领导能很快做出方案抉择。

优先排序法是我们经常采用的抉择方法，该方法的好处是抉择效率高，而且不会迷失大方向。但该方法容易造成对其他目标的忽视，使抉择显得较为“粗放”。

权重打分法也是人们在重大决策中常采用的方法。权重打分法，可邀请相关人员或专家，通过专家打分的方式来实现。当目标较多时，可根据每个目标对我们的重要性，赋予不同的权重。然后依据方案评审阶段达成的成果，评价每个方案对每一个目标的达成度，进行逐一打分，最后计算每一个方案的加权得分，以得分最多者为最后方案。

等效替代法也是可行的方法。等效替代法，其基本原理是当某一个方案面对多个目标时，可以尝试改变方案，以使某一目标值减少而另一目标值增加，但两个方案对决策者的总的效果是等价的，即找到另一个效用相等的替代方案。这实际上是西方经济学中的等效用曲线原理的应用。

在第十七章的案例中，方明在谈判买壳价格时，就使用了等效替代法。对于方明来说，买壳决策有两个目标：一是壳价格合理且双方可接受，二是壳必须具有有效的法律风险抵押。对方坚持壳的价格为3亿元现金，而对于法律风险抵押，对方只能提供将置出的原上市公司资产作为抵押。方明首先确认了对方壳的报价，符合市场惯例，基本合理，但认为，置出资产对我方没有价值，不能用于抵押。为此，方明用具有升值预期的股权代替现金作为支付方式，但要求对方必须将壳的价格降低5 000万元，同时以此股票作为法律风险抵押物。方明实质上是向谈判对手提出了一个等效方案，以协调双方的利益目标。

等效替代法，指在两个方案进行多目标比较时，可以通过等效调整某一方案，使其某一目标值与另一方案的该目标值相同，以得到消除该目标参数，降低方案比较的目标维度。

如买壳案例中，两个方案如表 19－1 所示。

表 19－1　等效替代法示意

	方案一	方案二	方案一的等效方案
壳价格	3 亿元现金	2.7 亿元股票	2.5 亿元股票
抵押品	置出资产	股票	股票

方案一和方案二中，由于两个目标不具有可比性，一时难以择选。但利用等效替代法，找到方案一的等效方案，使得目标抵押品与方案二同为股票。这样将方案二同等效方案比，不用再比较抵押品这个目标，而只需比较壳价格这一目标。壳价格 2.5 亿元优于 2.7 亿元，因此最终选定方案一。

当目标有多个且方案较多时，等效替代法的应用步骤如下。第一，先根据方案目标结果表，制定方案目标排序表。对每一个目标的实现程度，将所有方案进行优先排序，制定出排序表。第二，利用排序表，将各方案进行两两优劣比较，淘汰较劣方案，以减少比选方案数。如果有 A、B 两个方案，A 方案在各个目标上都不比 B 方案差，就称 A 优于 B，淘汰 B 方案。第三，对剩余的方案，尝试利用等效替代法，以减少目标维数。第四，不断重复前三步，通过找到方案间的优劣关系，排除备选方案，通过等效替代法，排除目标维数，最终将方案抉择化简为单目标两方案的比选。

预测是决策的基本功

决策与预测密不可分，预测是决策的基础，它贯穿于决策的每一个环节。随着市场的全球化与企业的国际化，企业经营规模越来越大，竞争环境越来越复杂，许多经营管理事项也超出了传统的经验把控，企业高层经营管理者面对越来越多变的经营管理环境，需要更多的预测工作来支持他们在多变环境下的决策。凡事预则立，不预则废。准确的预测能力，是企业经营管理人员的基本功。

但是预测是很有技术含量的工作。如在第四章的案例中，商场原班子的预测，从本质上看，只是一个简单的测算，算不上是严格的预测。科学的预测，应是一个严格的程序化、逻辑化的工作。每一个数据的得来，都要有清晰的依据和逻辑，否则，就是算命。因此，原班子的测算同事实相差较大，也就不足为奇了。

如何成功实施经济预测，总结如下5点内容。

要认真分析和测算各项待预测指标的驱动因子

科学的预测，是一个严格的程序化、逻辑化的工作。每一个数据的得来，都要有清晰的依据和逻辑，都要认真分析和测算其驱动因子。认真分析影响指标形成的各种基本因素，从各驱动因子开始分析和测算，再得出所需指标的数值。

预测工作要善于综合运用大量的相关知识

正是因为需要对每一个数据都认真分析其驱动因素，因此成功的预测，不单需要财务的知识、预测方法的知识，以及应用这些知识的技巧，很多时候还需要对企业外部环境和内部情况进行充分的了解和分析的知识和能力。

预测工作要善于运用集体智慧

成功的预测，往往是该单位专家们的集体智慧的体现。正是因为预测工作需要大量的知识支撑，任何人都不可能是全才，因此预测需要各方面专家的共同配合。预测，不仅涉及财务部门和人员，还涉及各个部门方方面面的人员的相互配合。与别的专业人员的沟通、学习和合作，是成功预测的关键。

预测要抓大放小

预测将未来的不确定性，通过各种假定和推测，转变为未来的可能性。由于未来状况千变万化，在预测中不可能面面俱到，善于抓大放小，是预测成功的关键。在第五章的案例中不考虑营运资金增减对经营性现金流的影响，有效回避了运营资金预计中的复杂性，同时又有效反映了影响经营性现金流的主要矛盾，不影响预测质量。

预测工作要善于创造性地应用经济学、管理学与财务会计学的理论与方法

预测作为决策之“理”，将运用大量的经济学、管理学与财务会计学的理论与方法。在第五章的案例对未来资金流的测算过程中，运用了盈亏平衡与付现盈亏平衡测算方法以及财会学的大量知识。经济学、管理学与财务会计学，是我们经营预测的重要理论工具。

如何“练就鹰眼”，直击问题、洞察本质、决胜未来，是一个理论性和实践性都很强的课题，需要我们各级决策者共同总结、提炼和探索。愿我的努力，能给您以有益的启示。

参考书目

[1] 韩伯棠. 管理运筹学（第四版）[M]. 北京：高等教育出版社，2015.

[2] H. 克雷格·彼得森，W. 克里斯·刘易斯，吴德庆译. 管理经济学（第三版）[M]. 北京：中国人民大学出版社，1998.

[3] 大卫·R. 亨德森、查尔斯·L. 胡珀，侯君等译. 决策的智慧 [M]. 北京：机械工业出版社，2015.

[4] 菲力普·科特勒，广东省财贸管理干部学院市场学翻译组译. 市场营销管理（第六版）[M]. 北京：科学技术文献出版社，1991.

[5] 中国注册会计师协会，财务成本管理 [M]. 北京：中国财政经济出版社，2014.

[6] 孙茂竹，文光伟，杨万贵. 管理会计学（第七版）[M]. 北京：中国人民大学出版社，2015.

[7] 约翰·S. 哈蒙德等，王正林译. 决策的艺术 [M]. 北京：机械工业出版社，2016.

后记

本书终于脱稿了。企业界的朋友们争相传看，给予了我很多鼓励。

“很有启发！”这是大家比较一致的看法。特别是对于企业高管人员如何应用现代经济管理理论，解决企业实际问题，提升高管层科学决策水平，很有教益。

“带入感强！”这是大家比较一致的感受。讲解如何利用数据来决策，本身会有大量的数据表格和计算，很容易写成数学加经济学的教科书。本书却写成了一部职场小说，使人读起来悬念丛生，轻松有趣。许多朋友反映，他们是一口气读完本书的，其中的许多案例，对其如何开展经营管理分析，如何在经营管理中科学决策、用数据说话，真的是很有帮助。

有个学理工科出身的高科技企业首席执行官说，看完这本书后最大的收获是，对科学决策有了深刻理解，知道了经济学和管理学对科学决策的重要性，看来必须尽快补补课了！

同时，有不少朋友担心地指出，书中写了不少反面的人和事，会不会得罪人？是不是去掉会好一点儿？

我赶快向对方解释：为了增加文章的可读性，避免写成一本教科书，书中插入了一些人物和故事情节，同时，许多数据也进行了相关处理。因此，书中的故事、人物和数据都是虚构，对事不对人，切莫对号入座。

在此，我万分想念和感谢我所工作过的单位的同事们和朋友们，是我们共同的工作和努力，创造了这些精彩的管理案例！是他们的正义和良知，感动着、激励着我不断前行！

感谢我的妻子武晓霞给予我的支持和帮助！

感谢柳传志先生、谢志华教授、朱武祥教授亲为本书作序，向文波先生、李莉女士、杨国文先生隆重推荐本书！

感谢许志总编和编辑部的同志给予的支持与帮助！

感谢所有给予我帮助与支持的朋友们！